Über die Autorin:

Maria von Welser, geb. 1946, erfolgreiche TV-Journalistin und Moderatorin. Durch ihre ZDF-Sendung »ML Mona Lisa« von 1988 bis 1996 wurde sie bundesweit bekannt. 1997 übernahm sie die Sendung »Mit mir nicht! Welsers Fälle«. Von 2001 bis August 2003 leitete sie das ZDF-Studio London. Seitdem ist sie NDR-Direktorin des Landesfunkhauses Hamburg.

Maria von Welser

Zurück zur Zuversicht

Als das Leben vor meinen Augen verschwand

BASTEI LÜBBE TASCHENBUCH
Band 61529

1. Auflage: Oktober 2003

Bastei Lübbe Taschenbücher ist ein Imprint
der Verlagsgruppe Lübbe

Originalausgabe
© 2003 by Verlagsgruppe Lübbe GmbH & Co. KG.,
Bergisch Gladbach
Titelillustration: Schneider Press/E. Schneider
Einbandgestaltung: Gisela Kullowatz
Satz: Textverarbeitung Garbe, Köln
Druck und Verarbeitung: Ebner & Spiegel, Ulm
Printed in Germany
ISBN 3-404-61529-8

Sie finden uns im Internet unter
www.luebbe.de

Der Preis dieses Bandes versteht sich einschließlich
der gesetzlichen Mehrwertsteuer.

INHALTSVERZEICHNIS

NUR EIN KURZES VORWORT		9
1. Kapitel	WIE ALLES BEGANN	11
2. Kapitel	BRENDERS LISTE UND DIE FOLGEN	23
3. Kapitel	DIE ZUKUNFT IN DEN KARTEN?	27
4. Kapitel	VON EINEM AUGENARZT ZUM ANDEREN	32
5. Kapitel	EIN TURBULENTER HERBST	37
6. Kapitel	MAL WIEDER WOHNUNGSSUCHE	44
7. Kapitel	NEUER START AN DER THEMSE	51
8. Kapitel	WAS IST BLEPHAROSPASMUS?	65
9. Kapitel	BOTOX-PARTYS	71

10. Kapitel	EINE ERSTE ENTSCHEIDUNG	75
11. Kapitel	DIE ROYALS FEIERN	82
12. Kapitel	WAS PSYCHOTHERAPIE MIT TAXIFAHRERSCHULUNG ZU TUN HAT	92
13. Kapitel	STATT PSYCHOTHERAPIE – KRIEG IN AFGHANISTAN	98
14. Kapitel	YOGA, SHIATSU UND BOTOX	104
15. Kapitel	WAS NEUROLOGEN WISSEN	111
16. Kapitel	TRICKS FÜR DEN ALLTAG	116
17. Kapitel	DAS LEBEN IN LONDON MACHT SPASS – DANK SHIATSU	121
18. Kapitel	WIE SHIATSU WIRKT	125
19. Kapitel	ALLTAG ZWISCHEN FUCHSJAGD UND DYSTONIE	130
20. Kapitel	QUEEN MUMS TOD	138
21. Kapitel	GOLDEN JUBILEE UND BESUCH BEI KERNER	142
22. Kapitel	HUNDERTE VON BRIEFEN, FAXEN, E-MAILS	157

23. Kapitel	500 DYSTONIEPATIENTEN	163
24. Kapitel	VON EINEM SELTSAMEN PHÄNOMEN UND MEINEM HEIMWEH	175
25. Kapitel	UND JETZT? VOR ALLEM EINES: NICHT AUFGEBEN	180
ANHANG		182

NUR EIN KURZES VORWORT

Zurück zur Zuversicht – so heißt dieses kleine Büchlein über meine Erfahrungen mit Blepharospasmus. Es soll all denen Mut machen, die wie ich an dieser Form der Dystonie leiden. Haben Sie den Mut, nicht aufzugeben, sich selbst nicht aufzugeben. Suchen Sie unnachgiebig nach einem Arzt, der Ihnen helfen kann. Haben Sie den Mut, mit Ihrer Dystonie zu leben. Denn heilbar ist sie nicht. Sagen bis jetzt alle Ärzte, die sich damit beschäftigt haben.

Dieses Buch erzählt aber nicht nur von den ersten Anzeichen des Blepharospasmus, dem Krankheitsverlauf, dem unglaublich langen Irrweg durch die Praxen von Augenärzten, Gynäkologen und Internisten. Es schildert auch die Ängste, Hoffnungen und die Verzweiflung, die einen überfallen, wenn man als Patient ahnt, dass einem etwas Ernstes fehlt, aber die Diagnose noch nicht greifbar ist. Und damit auch keine Behandlung.

Weil das Leben aber immer ein Ganzes ist, der Mensch eine Einheit, berichtet das Buch parallel auch über das berufliche und private Geschehen. Es geht um Livesendungen, Einschaltquoten und Inhalte. Um Auf und Ab, Ende und Neubeginn in einem journalistischen Leben. Es erzählt von spannenden »Mit mir nicht«-Fällen und aufregenden Jahren im Auslandsstudio London, vom Ringen um soziale Gerechtigkeit und von den umstrittenen Einsätzen der Briten in den Kriegen in Afghanistan und im Irak.

An dieser Stelle will ich aber auch Dank sagen:

Professor Wolfgang Jost von der Deutschen Klinik für Diagnostik, der mir nicht nur die Angst vor den Spritzen genommen hat, sondern mir für dieses Buch mit Rat und Tat und seinem ganzen Fachwissen als Neurologe zur Seite stand;

dem Diplompsychologen Curd Michael Hockel, der meinen Blick immer wieder vom rein medizinischen Geschehen auf die Seele und ihren Einfluss auf den Körper gelenkt hat;

meinem Mann Klaus, der all dies mit mir getragen hat, mich unterstützt, aufgebaut und mir immer wieder Mut gemacht hat. Alle Dystoniepatienten wissen, dass ihre Partner mit leiden.

Und schließlich Kathrin Blum, meiner Lektorin. Ihre Kommentare zu den ersten Manuskriptseiten haben mir immer wieder geholfen, meine Gedanken neu zu sortieren. Dadurch wurde manches gestrafft oder das Thema erweitert. Jedenfalls ist die Geschichte meiner Erfahrungen dabei stets runder, verständlicher und greifbarer geworden. Ganz im Sinne unserer Leser.

1. Kapitel

WIE ALLES BEGANN

Klick – und nochmal: klick. Mit dem vertrauten Diddel-di-Diddeldum schließt sich der Bildschirm. Es ist Freitag, 17 Uhr. In mein Büro auf dem Lerchenberg leuchtet die untergehende Sonne. Davor auf der Wiese tollen schon den ganzen Tag vier kleine Kaninchen herum. Ich freue mich auf das Wochenende, auf die Heimfahrt nach München. Wenn ich Glück habe, brauche ich nur vier Stunden. Hoffentlich.

Auf dem Lerchenberg, dem Hauptsitz des ZDF in Mainz, ist schon friedvolle Ruhe eingekehrt; die Parkplätze gelichtet, und wer einem noch begegnet, grüßt freundlich und wünscht ein schönes Wochenende.

Der BMW rollt an Alzey vorbei, den Rhein flussaufwärts. Ich höre Richard Wagners *Tannhäuser*.

Als meine Augenlider nach dreißig Minuten Fahrt zu blinzeln beginnen, schiebe ich es auf die Sonne. Also: Sonnenbrille auf die Nase. Aber: Es wird nicht besser. Die Abstände zwischen Augen auf – Augen zu erscheinen mir gefährlich lange. Ich fahre auf den Parkplatz, lege eine kleine Pause ein. Bin ich müde?

Eigentlich gibt es keinen Grund dafür. Die Woche war wie immer: Sitzungen, Filmabnahmen für das Ombudsmagazin »Mit mir nicht! – Welsers Fälle«, dann das Einlesen in die Themen der Sendung, Moderationen schreiben, die Fragekarten vorformulieren für die Gesprächsrunden im Studio. Kurze Überlegung: Was ziehe ich an? Nichts Dunkles, das wirkt nicht vor der Kamera, und möglichst keine kleinen Muster, die flirren. Alles gewohnte Routine. Nach fast zehn Jahren und 430 Sendungen »ML – Mona Lisa« und den inzwischen drei Jahren und 50 Sendungen Ombudsmagazin. Ein Programm, das mir immer mehr ans Herz gewachsen ist. Vor allem auch die Kolleginnen und Kollegen, die so fröhlich, schwungvoll und mit ungebrochenem Engagement an der Sendung arbeiten. Dazu Hunderte von Menschen, die uns anrufen, schreiben, motivieren. Sich bedanken, dass wir uns für sie und ihren Kummer, Ärger einsetzen.

Also aus meiner Sicht: kein Grund für Erschöpfung oder gar Müdigkeit. Ich fahre weiter, will ja nach Hause. Es ist Spätsommer, vielleicht können mein Mann und ich noch ein wenig auf der Terrasse im Garten sitzen. Das fehlt mir unter der Woche. Denn da lebe ich von Montag bis Freitag in Wiesbaden-Freudenberg. In einer sehr gemütlichen Zweizimmerwohnung. Aber: allein, ohne meinen Mann. Und ohne meinen roten Berg-Kater Pedro. So kreisen meine Gedanken beim Fahren rund um meine Familie.

Komisch: Es hört nicht auf mit dem Blinzeln. Obwohl jetzt schon längst die Sonne untergegangen ist. Ich muss wieder anhalten und noch einmal nach nur zwanzig Minuten. Ein wenig schmerzt die Halswirbelsäule. Das kann jetzt aber auch vom Autofahren kommen. In einer Stunde werde ich sicher zumindest am Stadtrand von München sein. Hoffe ich. Doch so schnell geht es dann nicht. Es ist halt Freitagabendverkehr. Und je südlicher ich komme, desto dichter rollen die Schlangen zweispurig über die Autobahn. Inzwischen habe ich Eros Ramazotti eingelegt. Tannhäusers Liebeskummer hat mich doch ein wenig bedrückt. Vielleicht wirkt Eros' Stimme zweifach: gegen den Verkehrsfrust und gegen das Blinzeln.

Zu Hause – endlich. Als hätte er's gespürt, kommt mein Mann mir entgegen. Kater Pedro dagegen, der seit 16 Jahren mein Gefährte ist, hält es eher umgekehrt: Wenn er mich nach dieser Woche Absenz erblickt, macht er auf der Pfote kehrt und versteckt sich erst mal im Garten.

Macht nichts. Spätestens heute Nacht, wenn mein Mann eingeschlafen ist, kommt er zu mir und schleicht sich wie schon zu seinen Baby-Zeiten zwischen das Kopfkissen und das Kopfteil des Bettes. Da fühlt er sich wohl, versteckt sein Köpfchen dann in meinen Haaren. Vielleicht seine Erinnerungen an den Bergbauernhof auf der Hohen Salve in Tirol, wo ich ihn im Alter von vier Wochen vor einem Katzen mordenden Bauern gerettet habe: »Vor dem Winter müssen die weg ...«

Jeder, der nur die Wochenenden zu Hause verbringen kann, kennt dieses wunderbare Freitagsgefühl: vor sich eine schier endlose Zeit (bis Sonntagabend ...), wieder daheim in der vertrauten Umgebung, mit den geliebten Menschen. Die ja ihrerseits liebevoll auf die Heimkehrerin zugehen. Probleme, Kummer, Sorgen – das bleibt außen vor. Auf beiden Seiten. Man will ja nicht die kurze Zeit stimmungsmäßig belasten.

Dennoch erzähle ich später – nicht mehr auf der Terrasse, es war dann doch zu kühl – meinem Mann von meinem Blinzeln und Blinkern. Von den Fahrpausen, die ich ungewohnterweise einlegen musste auf der Fahrt nach Hause. Mein Mann, im Berufsleben Pilot, weiß auch sofort des Rätsels Lösung: »Wahrscheinlich kommt irgendwie Abgas in den Innenraum deines Autos; das sind die klassischen Reaktionen, ich kenne das vom Fliegen …«

Nächste Woche will er mit mir nach Wiesbaden fahren. Einen Abgastest machen lassen, dann wird sich alles klären. Ich bin beruhigt.

Aber eine Woche später in Wiesbaden schütteln die Feuerwehrleute nach dem Abgastest den Kopf: »Nein, da ist alles in Ordnung, da kommt nichts in den Innenraum Ihres Wagens rein.«

Das war's wohl. Nur: Was ist es dann? Ich habe es doch nur beim Autofahren, nur da fällt es mir auf, dieses vollkommen unwillkürliche Blinzeln, die aus meiner Sicht zu langen Abstände, bis ich wieder ganz klar sehen kann. Vielleicht doch ein Augenproblem? Ich nehme mir vor, mich mal nach einem Augenarzt im Rhein-Main-Gebiet zu erkundigen.

Aber vorerst schiebe ich das alles auf. Denn ganz andere, zurzeit wichtigere Dinge stehen an: Mein Mann und ich wollen ins Rhein-Main-Gebiet umziehen. Drei Jahre lang Wochenendehe, nein, so hatten wir uns unser Leben nicht vorgestellt, als wir 1994 geheiratet haben. Wir haben damals aus zwei eins gemacht, unsere alten Wohnungen aufgelöst und gemeinsam neu begonnen. Weil wir zusammen alt werden wollen. Eine Wochenendehe war da nicht eingeplant.

Nur zu gut kann ich mich noch an unser Gespräch an einem frühen Morgen auf dem Flughafen von Mailand erinnern. Wir waren uns gerade erst vor zehn Tagen zum ersten Mal begegnet. Auf schäbigen Plastikstühlen saßen wir uns gegenüber und gestanden uns fast zeitgleich, dass wir beide keine »informelle Beziehung« wollten. Was bedeutete, dass nicht der eine in Wunstorf, der andere in München sein normales Leben führen sollte. Nein, uns war klar, wir wollten heiraten. Und dann am gleichen Ort zusammen leben. Vielleicht für alle anderen eine verrückte Geschichte. Nur für uns nicht. Denn seit damals sind wir jetzt zehn Jahre zusammen. Zehn überaus glückliche Jahre.

Zusammengeführt hat uns der Krieg auf dem Balkan. Ein Krieg, der Tausenden so viel Leid brachte, schenkte uns das Glück. Ich war, als »ML – Mona Lisa«-Leiterin und Reporterin auf dem Weg nach Sarajewo. Anfang Dezember wollte das ZDF unter dem damaligen Chefredakteur Klaus Bresser den 300 000 eingeschlossenen Menschen in Sarajewo helfen. »Sarajewo soll leben«, hieß der Titel der Sendung, ich hatte dafür den »Mona-Lisa«-Sendeplatz geräumt und sollte zusammen mit Ruprecht Eser, damals Chefreporter, eine 60-minütige Spendensendung moderieren. Petra Gerster übernahm den Moderationspart in Mainz. Wir berichteten aus der eingeschlossenen, hungernden und frierenden Stadt. Mit Filmen und in Gesprächen.

Unser Zeitplan für diese Livesendung war mal wieder äußerst knapp. Ich hatte noch am Sonntag eine »Mona-Lisa«-Sendung in Unterföhring bei München. Konnte also erst am Montag um 8 Uhr in München starten. Eine Maschine der Luftwaffe sollte uns von der italienischen Basis in Falconara in die belagerte Stadt bringen. Doch schon der Flug nach Falconara glich einer Weltreise: erst über Wien nach Zagreb. Dort auschecken, mit einer ZDF-Mitarbeiterin und einem Fahrer durch die ganze Stadt zur UNHCR, um die persönliche Akkreditierung mit Foto zu bekommen. Dann auf dem schnellsten Weg wieder zurück zum Flughafen. Knapp geschafft. Und ab nach Split. Mit der nächsten Maschine dann nach Rom, eine Stunde Aufenthalt, umsteigen, Gepäck abholen, wieder einchecken. Letzte Flugstrecke: Rom-Ancona. Hier holten uns freundliche Soldaten der Luftwaffe ab. Inzwischen hatte auch das ganze Team zusammengefunden: Ruprecht Eser, mein Kollege, ein Kamerateam, ein Cutter. Und unglaubliche Mengen an Gepäck, Kameras, Schnitteinheiten, Licht. Fernsehen kann manchmal richtig mühsam sein. Wenigstens war eine Reporterin schon einige Tage zuvor mit einem Kamerateam nach Sarajewo aufgebrochen. Wir hofften jetzt auf einen Abflug am nächsten Tag, in der Frühe. Die Luftwaffe wollte uns mit einer Transall hinüberbringen. Aber sicher ist in solchen Zeiten gar nichts.

Was sich gleich am nächsten Morgen zeigen sollte. Denn die Serben gaben keine Ruhe, schossen einer norwegischen Maschine einen Tragflügel in Stücke. Gott sei Dank konnte der Pilot noch sicher in Falconara landen. Aber wir saßen erst mal fest auf diesem Mini-Flughafen, der die Basis der gerade neu installierten Luftbrücke der Alliierten war. Jede Stunde konnte hier eine Transportmaschine starten und den Menschen in Sarajewo Lebensmittel, Decken, Medikamente bringen. Aber die Serben schossen unberechenbar auf die einschwebenden Flugzeuge. So gab es Tage in diesen Wochen und Monaten der Luftbrücke, an denen die Piloten in Falconara aufs Meer schauten und Däumchen drehten. Weil gerade mal wieder eine Maschine getroffen worden war oder weil auf der sehr knappen Anfluglinie hinunter über den Berg Igman zum Flughafen Sarajewo dichter Nebel waberte. Im Winter ein häufiger Gast. Oder weil die Piloten mithilfe eines von den Israelis nachträglich eingebauten Spezialgerät erkannten, dass die Serben eine Rakete auf das Flugzeug abgeschossen hatten. »Tracken«, nennen das die Piloten, wenn bei ihnen der Adrenalinspiegel steigt und die Angst, getroffen zu werden, den Hals zuschnürt. Drei Jahre Luftbrücke, das war wirklich eine unglaubliche Leistung der Briten, Amerikaner, Schweden, Franzosen, Norweger, Holländer, Italiener und Deutschen. Ohne den täglichen Einsatz der mutigen Piloten hätten die Menschen in Sarajewo die Zeit der serbischen Blockade wohl nicht überlebt.

Dort, in Falconara also, traf ich ihn, den Mann, der mit mir keine »informelle Beziehung« haben wollte. Er war, als Oberstleutnant der Luftwaffe, Kommandoführer und damit zuständig für den Einsatz der deutschen Maschinen. Und weil die Serben mal wieder wie besessen auf die Flugzeuge schossen, dazu die Sichtverhältnisse unter 500 Meter lagen, durften die Deutschen nicht hinüberfliegen. So saß das Team einen ganzen langen Tag wie auf heißen Kohlen in den Blechcontainern der Alliierten und schlürfte Kaffee aus Pappbechern. Ich hörte dem »OTL« Klaus Häusler zu. Das ist die Abkürzung für Oberstleutnant. Und da muss es wohl gefunkt haben. Nachhaltig.

Spät am Nachmittag sind sie dann doch geflogen, die Bundeswehrpiloten. Und wir konnten unsere Sendung in Sarajewo machen. Fast sechs Millionen Euro war ein sensationeller Spendenerfolg. Und mein »OTL« und ich zogen nur drei Monate später zusammen. So weit unsere Vorgeschichte.

Und so haben wir es uns nicht leicht gemacht mit der Entscheidung, dass ich für die Sendung »Mit mir nicht! – Welsers Fälle« nach Mainz/Wiesbaden gehen würde. Erste Version: Ich ziehe unter der Woche in eine kleine Wohnung in Wiesbaden und fahre am Freitagabend zurück nach München. Aber nach drei Jahren steht uns die »Wochenendehe« bis zum Hals. Außerdem ist mein Mann inzwischen pensioniert worden. Wir wollen diesen Zustand so schnell wie möglich beenden. Auch für den Preis der Aufgabe »unseres« Bayern. Die Sendung selbst läuft nach jetzt über 50 Ausgaben erfolgreich und erreicht die geforderten Quoten, mindestens zehn Prozent am Mittwochabend um 22.15 Uhr, oft gegen Champions-League-Fußball bei den privaten Sendern. Die ZDF-Spitze selbst versichert mir, dass die Sendung ein wichtiger Bestandteil des öffentlich-rechtlichen Programms sei und ganz sicher die nächsten Jahre weitergeführt werde. Man unterstützt mich in der Entscheidung, ganz nach Mainz zu ziehen. Und mein Mann und ich freuen uns, dass wieder ein wenig Ruhe und Normalität in unser Leben einkehrt. Unser Haus in München wollen wir für die nächsten Jahre vermieten. Denn ganz »am Schluss«, also für den dritten Lebensabschnitt nach dem Berufsleben, wird es uns beide auf alle Fälle wieder nach München zurück ziehen.

Jetzt aber: Haussuche. Die sich wider Erwarten einfacher gestaltete als befürchtet:

Ein Kollege inserierte hausintern sein Mainzer Domizil: »Mit Blick auf die Kirche von Gonsenheim und einem kleinen Bach im Hanggrundstück.« Das klingt hübsch in unseren Ohren. Und auch das Haus gefällt uns gut. Erdbeerkuchen auf der Terrasse mit dem Kollegen und seiner Frau – und alles ist klar: Wir ziehen Ende jenes Jahres, also 1999, nach Mainz-Molkenborn. Vorher wollen wir allerdings noch einiges im Haus ändern. Mein lieber Mann erklärt sich dazu bereit. Wir kaufen Farben, Tapeten, Teppichböden und Kleister. Räumen schweren Herzens unser Haus in München und düsen ab – erst mal in meine kleine Wiesbadener Bleibe.

Während mein Mann mit zwei Helfern renoviert, kümmere ich mich um meine Sendung.

Im Augenblick steht uns besonderer Ärger ins Haus. Ein Rechtsanwalt aus Oberhausen behauptet, wir würden in der Sendung unerlaubt Rechtsberatung betreiben. Das wäre – durch ein Gesetz aus dem Jahr 1933, also aus dem Dritten Reich – verboten. Der Anwalt klagt gegen das ZDF und meine Sendung.

Aber nicht nur ich stehe im Fokus seiner Angriffe: auch der Kollege Geert Müller-Gerbes mit seiner Sendung bei RTL »Wie bitte!?«, Peter Escher vom MDR, der dort Neppern auf der Spur ist, und oft auch meine Kollegen aus der WISO-Redaktion, Michael Jungbluth und Michael Opozcinsky. Um was geht es?

Der Rechtsanwalt pickt sich immer einzelne Beispiele heraus, um zu beweisen, dass wir Journalisten in solchen Sendungen tatsächlich unberechtigt Rechtsberatung betreiben. Bei mir erregte die Geschichte einer Leipzigerin sein Gemüt: Die 59-jährige, inzwischen arbeitslose Frau hätte rund 28 000 Mark Altersübergangsgeld und Pflegebeiträge an das Arbeitsamt zurückzahlen sollen, weil sie ihren Umzug ins Nachbarhaus nicht angegeben hatte. In meiner Sendung schilderten wir den Fall, diskutierten wie immer mit der betroffenen Frau, einem Vertreter ihres für sie zuständigen Arbeitsamtes und einem unabhängigen Fachmann. In der Sendung gestand der Vertreter des Arbeitsamtes zu, dass die Rückzahlung an das Amt ungerecht sei. Die Frau erhielt darauf rund 15 000 Mark vom Arbeitsamt zurück. Ein großer Erfolg für uns, für das Team von »Mit mir nicht!«.

Für den Oberhausener Anwalt der Stein erneuten Anstoßes. Das, was ich da betreiben würde, sei Rechtsberatung – und die sei verboten. Weil ich mich – im Gegensatz zu meinen Kollegen bei RTL, beim MDR und dem Bayerischem Rundfunk – geweigert hatte, eine einstweilige Verfügung auf Unterlassung zu unterschreiben, marschiert der streitbare Rechtsanwalt jetzt vor das Duisburger Gericht. Aber, oh Wunder: Der Richter weist den Antrag des Anwaltes zurück. Unser ZDF-Anwalt ruft mich gleich nach dem Urteil an. Mit hochroten Wangen sause ich in unsere tägliche Schaltkonferenz im ZDF. Strahlend und atemlos berichte ich von dem Sieg, aus meiner Sicht die Bestätigung für einen kritischen und engagierten Journalismus. Ich weiß allerdings auch: Der Anwalt wird nicht aufgeben. Der geht jetzt in die zweite Instanz, zum Oberlandesgericht Düsseldorf.

Irgendwo steht in diesen Tagen auf meiner »to-do«-Liste: Termin bei einem Augenarzt – aber ich habe immer vermeintlich Wichtigeres vor. Denn da im Leben aus meiner Sicht die Offensive immer die beste Verteidigung ist, planen wir in der Redaktion eine ganze Sendung zu diesem unsäglichen Rechtsberatungsgesetz. Drehen mit Menschen, die ganz besonders darunter zu leiden hatten: einem Jura-Studenten, der seiner Mutter einen Rat in einer Mietangelegenheit gegeben hatte und damit gegen das Gesetz verstoßen hat. Oder ein pensionierter Richter, der einem Strafgefangenen mit Rat und Tat und unentgeltlich zur Seite stand. Wir zeigen Beispiele aus Großbritannien, wo Rechtsanwälte gar die Sendung »Watchdog« unterstützen – und nicht bekämpfen. Im Studio diskutieren wir dann mit Geert Müller-Gerbes von RTL, Herta Däubler-Gmelin, der damaligen Justizministerin, und mit hoch qualifizierten Fachjuristen. Damals ein Erfolg. Aber das Gesetz gibt es leider noch bis zum heutigen Tage. Wenn auch immer mehr Gerichte für die Medien und gegen klagende Anwälte entscheiden.

Am Tag darauf spiegeln die Schlagzeilen aller großen deutschen Zeitungen das Interesse der Menschen wider: »Gericht stoppt Angriff auf die Pressefreiheit«; »Keine Angst vor Anwälten«; »Weiterhin Hilfe-Sendungen im Fernsehen«.

Wir freuen uns riesig in der Redaktion. Und noch mehr, als das Gericht auch in der zweiten Instanz für das Fernsehen, für die Journalisten und ihre Berichterstattung entscheidet. Und gegen den Anwalt. Es kann ja auch nicht sein, dass sich Sozialhilfeempfänger, Arbeitslose – einfach alle sozial Schwachen – nur mithilfe von teuren Anwälten gegen die Willkür starker Goliaths wehren können. Weil sich bekanntermaßen Behörden, Firmen und große Organisationen einfach zu gern hinter hochpotenten Juristen verstecken. Möglichst so, dass kein Journalist den Finger drauflegt und das Unrecht öffentlich macht.

Und noch etwas wird mir klar im Zuge dieser Auseinandersetzung mit für mich als Journalistin vermeintlich klaren Fragen: Viel zu viele Menschen brauchen in unserem Land Rat – zusätzlich zu juristischer Hilfe. Weil mit dem Wohlstand Kälte, Gedankenlosigkeit und Rücksichtslosigkeit unsere Gesellschaft dominieren. Die Ohnmächtigen und Wehrlosen sind die schweigenden Opfer.

Deshalb gibt es ja auch unsere Sendung. Sicher – wir können pro Sendung zweimal im Monat nicht mehr als acht bis zehn Fälle beleuchten. Aber diese Einzelfälle stehen immer für Tausende andere im ganzen Land. So sehen uns durchschnittlich auch immer – selbst zur späten Stunde um 22.15 Uhr nach dem »heute journal« – zwischen zwei und drei Millionen Menschen zu. Das entspricht der im ZDF geforderten Mindestquote von zehn Prozent. Meist liegen wir sogar darüber, bei 13 Prozent. Dass man die Sendung einstellen könnte – auf diese Idee kommt keiner in der Redaktion. Aber wir liegen leider ziemlich daneben. Wie die Zukunft zeigen wird.

2. Kapitel

BRENDERS LISTE UND DIE FOLGEN

Mein Augenzwinkern vergesse ich in diesen ersten Wochen des Jahres 2000 fast ganz. Verdränge völlig, dass ich im Studio während der Sendungen oft alle Mühe habe, mein Gegenüber ohne Blinzeln anzuschauen.

Sicher, wenn ich mir am Donnerstag im Büro die Sendung vom Abend zuvor ansehe, fällt es mir schon auf. Aber es sagt keiner was in der Redaktion. Und ich konzentriere mich auf die einzelnen Fälle. Unsere Fälle.

Mit meinem Regisseur Jürgen habe ich mich dann doch mal zusammengesetzt. Ihn gefragt, ob vielleicht die Studiolampen zu stark sein könnten, ob er da nicht mit unserem Ersten Kameramann reden könnte. Jürgen verspricht es.

Vor der nächsten Sendung probieren wir es dann aus: weniger Licht auf meine Augen, mehr auf die Haare. Man nennt das im Fachjargon: eine Spitze. Aber auch die »Spitze auf meinem Haar« hilft nichts. Wieder sehe ich am Donnerstag, dass ich furchtbar geblinzelt habe. Dabei stelle ich fest, dass ich vor allem in den Gesprächssituationen heftiger mit den Augenlidern blinke und zwinkere. Immer beim Zuhören, wenn mir unsere Gäste ihre Geschichte erzählen. Wenn ich dagegen selbst spreche, gar von einem Thema zum nächsten überleite, die so genannten Anmoderationen in die Kamera spreche, blinken meine Augenlider überhaupt nicht. Warum nur beim Zuhören? Ich verstehe das nicht. Denn ich weiß, dass ich mich wirklich für die Menschen interessiere, die da vor mir sitzen und ihre Geschichten erzählen. Ich bin mir auch sicher, dass ich keineswegs die Augen vor etwas verschließen will, schon gar nicht vor ihrer Geschichte, ihrem Schicksal. Warum nur blinzle ich dann so? Ich bin ratlos. Und schiebe es mal wieder auf das Licht, die Lampen im Studio. Denn Nervosität kann es aus meiner Sicht nicht sein. Seit 1980 arbeite ich vor der Kamera. Angespannt bin ich immer vor einer Sendung, das ist normal. Aber nicht wirklich nervös. Da hilft mir meine jahrelange Erfahrung als Skirennfahrerin. Da heißt es schließlich auch, immer auf die Sekunde voll präsent zu sein, denn ein Rennen dauert höchstens zwei Minuten – eine einzige Moderation in einer Livesendung ist selten länger als eine Minute.

Auch im privaten Bereich ist mein Leben in dieser Zeit turbulenter als gewohnt. Dass es in den kommenden zwei Jahren noch heftiger werden könnte, daran dachte ich nicht im Entferntesten. So müssen wir uns erst mal im neuen Haus, in der neuen Umgebung eingewöhnen. Wohin mit den Sachen für die Reinigung, den kaputten Schuhen, wo gibt es frisches Obst und Gemüse, möglichst biologisch angebaut. Mein Mann ist mir in dieser Zeit – wie immer – eine große Hilfe. Aber es fällt mir schwer, die Verantwortung im Haushalt abzugeben. So koche ich am Abend, aber die Zutaten dafür kauft jetzt mein Mann ein. (Und dann bloß nicht meckern, wenn die Tomaten zu hart sind, der Schinken zu dick geschnitten ist …)

Wir kämpfen also beide mit der Umstellung. Denn auch mein Mann hat ja das vertraute Bayern, die Freunde und das Altherrentennis, die kleinen Aufgaben des Alltags und die räumliche Nähe zu seinen Kindern für mich und meinen Beruf aufgegeben.

Auch beruflich gibt es neue Aufregungen: Unser Chefredakteur Klaus Bresser geht in Rente. Der Neue, Nikolaus Brender, hat sich schon in der Redaktion angemeldet. Vor seinem offiziellen Amtsantritt. Das ist ungewöhnlich. Auch, dass ein Chefredakteur in die Räume einer Redaktion kommt, an unseren Konferenztisch, und nicht die Mitarbeiter zu sich ins Büro bittet.

So drängeln wir uns alle um meinen runden weißen Konferenztisch, ein Relikt aus »ML – Mona Lisa«-Zeiten.

Ich habe bis heute das vierstündige Gespräch in überaus angenehmer Erinnerung. Mit keinem Wort wird über eine Einstellung unserer Sendung gesprochen. Von Verbesserungen, ja. Auch von seinen Vorstellungen für neue Magazine im ZDF: erstellt nach den Grundregeln besten Journalismus und investigativer Recherche.

Nach dem langen Gespräch bei uns in der Redaktion ruft mich noch am Abend ein Kollege von der Zeitschrift *Die Woche* an. Mit einer verblüffenden, ja irritierenden Frage: »Was machen Sie denn, wenn Ihre Sendung eingestellt wird?«

Nach einem kurzen, tiefen Luftholen antworte ich solidarisch-loyal: »Gute Journalisten werden immer gebraucht, und im Übrigen kann ich mir nicht vorstellen, dass man so ein klassisches öffentlich-rechtliches Format wie das Ombudsmagazin aufgibt.«

Am übernächsten Tag, dem Tag des Amtsantritts des neuen Chefredakteurs, ist unter der Überschrift »Brenders Liste« nachzulesen, was sich in unserem Sender so alles ändert. Aber auch, was alles eingestellt wird. Unter anderem – das Ombudsmagazin.

3. Kapitel

DIE ZUKUNFT IN DEN KARTEN?

Es ist heiß in Mainz. Wir können nur mit im ganzen Haus geöffneten Fenstern schlafen. Könnten. Aber ich kann nicht.

Mir geht dauernd im Kopf herum, warum unsere Sendung tatsächlich eingestellt wird. Was geschehen wird mit meinen Kolleginnen und Kollegen, bis auf eine allesamt nicht festangestellt, sondern so genannte »freelancer«. Und auch: Was werde ich machen? Sicher: Als Festangestellte, dazu noch Abteilungsleiterin, muss ich keine Existenzängste haben. Aber rundum breitet sich eben doch ein großes Unsicherheitsgefühl aus. Und bei mir auch Enttäuschung, weil wir doch gerade erst mit Sack und Pack und voller Schwung an Rhein und Main gezogen waren.

Einer meiner netten Kollegen aus der »Mit mir nicht!«-Redaktion ist schon im letzten Jahr in ein Landesstudio gewechselt. Ich ließ ihn ungern ziehen, aber er bekam dort eine Festanstellung. Das war nicht zu toppen. Und jetzt, in diesem heißen Sommer, erinnere ich mich an seine letzten Worte: »Dass ich bei Ihnen landen würde, und dann weiter Karriere machen, das hat mir schon vorher eine Wahrsagerin prophezeit.« Er gab mir damals auch ihren Namen. Ich war ganz schön erstaunt: ein junger Mann, intelligent, tough, der zur Wahrsagerin geht?

Und dann hat es auch noch gestimmt ...

Nach einer weiteren heißen Mainzer Sommernacht steht mein Entschluss fest: Ich werde mal zu dieser Dame gehen. Warum nicht mal einem fremden Menschen zuhören, dadurch die eigenen Gedanken ordnen, Herr über die Ängste werden? Zugegeben: Dafür gibt es keine wissenschaftlichen Beweise, das erscheint vielen wie »Spökenkiekerei«. Auch in Tibet unter den Buddhisten soll es Menschen geben, die die Zeit anders erleben. Nicht nur in einer Richtung, wie wir: also hier die Vergangenheit, dort die Zukunft. Für sie existiert eine vierte Dimension. Sie nennen sie ebenfalls Zeit.

An einem sonnigen Sonntag um 11 Uhr soll ich kommen, in einen Vorort von Wiesbaden. Margret heißt die Dame mit Vornamen. Ihr Haus ist ein typisches hessisches Dorfhaus, mit hohem Tor. Fest verschlossen. Keiner soll drüberschauen können. Dahinter ein sauber gepflasterter Hof. Eine blitzblank geputzte Treppe führt in den obersten Stock. Hierher führt sie mich, an einen kleinen Tisch mit einer bunt gemusterten Decke. Margret lacht mich fröhlich an, immer einen Witz auf den Lippen. Sie zündet eine Kerze an, schenkt mir einen Früchtetee ein und legt los mit den Karten. Ich muss mischen, abheben, dreimal mit der linken Hand in meine Richtung. Rituale sind anscheinend wichtig. Mit der rechten Hand schreibe ich mit. Weil ich weiß, dass ich mir nie alles merken kann, was ich da so hören werde. Eines erstaunt mich gleich zu Beginn: Sie stellt mir keine Fragen, will nichts von mir wissen.

Erst erzählt sie von meinen Söhnen – ich hatte ihr nicht gesagt, dass ich zwei habe. Denn meine beiden Söhne habe ich während meines ganzen beruflichen Lebens vor den Medien beschützt. Ich wollte einfach nicht, dass Florian, der Erstgeborene, und Poldi, der zweite, auf irgendeinem Foto in einer Gazette erscheinen. Habe immer mit Erfolg so genannte »Home-Storys« verhindert. Auch damit sich deren Leben so unkompliziert wie möglich gestaltet. War es für die beiden schon schwierig genug, eine Mami zu Hause zu haben, die Woche für Woche auf dem Bildschirm zu sehen war. Heute ist das kein Thema mehr; sie sind 35 und 31 Jahre alt, haben ihre Berufe und ihr eigenes Leben. Darüber bin ich froh.

Wie kann also Margret von ihnen wissen? Und noch dazu so viel wissen? Meine Verblüffung wächst mit jedem ihrer Worte. Sie erzählt von einer alten Dame. Da kommt mir eine ehemalige Freundin meiner Eltern in den Sinn, die mir vor kurzem einen langen, lieben Brief geschrieben hat. Die sei mir wohl gesonnen, liest Margret jetzt aus den Karten. Scheint so, sage ich mir insgeheim. Alles, was sie mir erzählt, passt in mein derzeitiges Leben. Kann sie Gedanken lesen? Wie macht sie das?

Dann hält sie inne und sieht mich mit einem verschmitzten Grinsen lange an.

»Wissen Sie was, Sie werden bald umziehen, in eine Stadt am Wasser. Auf eine Insel.«

Ich schüttele fassungslos den Kopf: »Wie? Ich bin doch gerade erst umgezogen. Vielleicht heißt das Wasser hier in den Karten Rhein oder Main?«

»Nein, nein«, da ist sie wohl überzeugt: »Das sieht mir mehr nach Meer aus.«

In meinem Kopf überschlagen sich die Gedanken. Wir bauen uns gerade ein kleines Ferienhäuschen auf einer Insel im Süden – vielleicht meint sie das? Nur – was um Himmels willen soll ich dort beruflich machen? Dic Lokalzeitung? Das erscheint mir außerhalb meiner Vorstellungswelt. Aber ich kann gar nicht lange nachdenken.

Margret ist längst beim nächsten Thema, platziert die Karten, verdeckt, deckt wieder auf, es geht alles rasend schnell. So ganz zwischendurch erwähnt sie, dass meine Hormone nicht in Ordnung seien. Ich sollte da mal einen Test machen lassen.

Nach fast zwei Stunden, unzähligem Mischen, Legen, Einsammeln, neuem Mischen und übervoll an Informationen, packe ich mein blaues Buch voller Notizen wieder zusammen. Margret bringt mich noch vor ihr Tor, lachend und guter Dinge. Meint zum Abschluss nur noch: »Machen Sie sich keine Sorgen, es wird doch alles …«

Zu Hause lese ich meine gesammelten Notizen meinem Mann vor. Der ist – als Pilot und rational denkender Mensch – ziemlich sprachlos. »Woher weiß die das, was hast du ihr vorher gesagt, hat sie was in der Zeitung darüber gelesen?« … und so weiter. Nein, ich beruhige ihn, in der Zeitung konnte sie nichts davon lesen. Und als ich ihm dann noch ein Ereignis aus seiner eigenen Familie berichte, ist er endgültig baff. Noch nicht endgültig überzeugt, aber immerhin nicht mehr völlig ablehnend in Sachen Zukunftsvorhersage.

Das mit den Hormonen stellt sich schnell als wahr heraus. Der Östrogenspiegel nähert sich fast null. Ungläubig befragt mich der Arzt, was mich bewogen habe, zu ihm zu kommen. Ich gestehe ihm die Wahrheit – und ernte auch hier ungläubiges Kopfschütteln. Auch ich finde es ziemlich unheimlich. Aber Punkt eins hat sich jetzt schon mal bewahrheitet.

Das mit der Stadt auf einer Insel, am Wasser habe ich in den nächsten Tagen völlig vergessen. Zu viel passiert in all diesen Tagen – im Job wie auch zu Hause. Mit keinem Gedanken habe ich geglaubt, dass fast alles Wirklichkeit werden würde, was mir die fröhliche Margret an diesem heißen Augusttag in Wiesbaden aus den Karten so alles herausgelesen hat. Dass es meinen Mann und mich tatsächlich in die zitierte »Stadt am Wasser auf einer Insel« verschlagen würde. Und zwar schon bald.

4. Kapitel

VON EINEM AUGENARZT ZUM ANDEREN

Im Beruf überstürzten sich die Ereignisse. Drei Redaktionen werden aufgelöst, insgesamt 145 Kolleginnen und Kollegen sollen neue Aufgaben übernehmen. Wo, wissen sie nicht. Auch ich nicht.

Meine Augen blinzeln wie wild. Eigentlich sitze ich doch ganz entspannt – denke ich – an meinem Schreibtisch auf dem Lerchenberg. Was ist da los? Ob es tatsächlich trockene Augen sind?

Gestern hat mich ein Studiogast nach unserer Livesendung darauf angesprochen: »Ich kenne das, das Blinzeln im Licht der Scheinwerfer. Das sind nur trockene Augen.« Er empfahl mir »flüssige Tränen«. Jetzt fällt es also schon unseren Gästen auf; mir wird ganz heiß vor Scham. So kann ich doch nicht mehr meinen Job machen, vor die Kamera treten … Noch gestern Nacht habe ich eine offene Apotheke gesucht, um die flüssigen Tränen zu erstehen. Aber sie haben nichts geholfen. Ich muss so schnell wie möglich zum Augenarzt. Schon heute Morgen, auf dem kurzen Weg hinauf zum Sender, hat es wieder angefangen. Obwohl ich so sehr versucht habe, mich ganz fest zu konzentrieren, starr geradeaus zu blicken, das Blinzeln meiner Lider mit Macht zu stoppen. Aber – sinnlos.

Meine Gedanken schweifen ab zu den Themen, die mich im Büro erwarten, zu den Menschen, die sich in der Redaktion auf mich verlassen, auch auf meine Fähigkeit zu kämpfen. Jetzt für sie, für uns alle. Dennoch rufe ich am Nachmittag einen Kollegen an, bitte um die Telefonnummer eines ihm vertrauten Augenarztes. Noch brauche ich solche Hilfe, denn meine Netzwerke funktionieren vor allem in München – nicht im Rhein-Main-Gebiet.

Er empfiehlt mir eine Augenärztin, der er voll und ganz vertraut. Ich bekomme auch gleich einen Termin. Nur eine Woche später. Bis dahin vergesse ich Blinzeln und Blinken. Es gibt anderes zu tun.

Zum Beispiel die Beete im Garten säubern, neu pflanzen. Die Büsche zurückschneiden. Und vielleicht mal auf der idyllischen Terrasse gemütlich Tee trinken.

Donnerstagnachmittag, eine Woche später: der erste Termin bei der empfohlenen Augenärztin in Wiesbaden. Es gelingt mir, pünktlich zu sein.

Als Privatpatientin darf ich in ein gesondertes Sprechzimmer. Es sollte mich freuen. Aber mir ist bewusst, dass wir auf dem besten Wege zur Zweiklassenmedizin sind. Hier die Kassenpatienten, die gar nicht so viel weniger zahlen im Monat wie ich als Privatpatientin. Dort die Privaten. Die wiederum für das Einkommen der Ärzte sorgen (angeblich sind Kassenpatienten ja nur ein Zuschussunternehmen). Ich glaub's nicht. Das ganze System an sich ist marode, undurchsichtig und wird von viel zu vielen Ärzten schamlos ausgenutzt.

Die Frau Doktor ist groß, eher korpulent, hat eine schicke Frisur und ist sehr von sich überzeugt. Ich schildere mein häufiges Blinzeln und Zwinkern, berichte von der Odyssee beim Autofahren und dem vermeintlichen Abgasproblem. Sie testet erst mal meine Sehstärke – oder eher -schwäche. 2,5 Dioptrien beim Lesen. Das wusste ich schon vorher. Sonst sei alles in Ordnung – bis auf tatsächlich ziemlich trockene Augenoberflächen. Aber das sei bei Frauen in diesem Alter normal. Tropfen für tagsüber, eine Creme abends in die Augen, eine morgens, dann löse sich das Problem von allein. Ich solle nur nicht vergessen, die Cremes auch regelmäßig zu nehmen. Sprach's – und schwupps! bin ich draußen aus der Praxis.

Im gleichen Haus gibt es eine Apotheke, und bewaffnet mit meinen Augentropfen, den Morgen- und Abend-Cremes fahre ich ziemlich beruhigt nach Hause. Und denke schon da: Das Blinzeln legt sich sicher, wenn sich auch im Beruf die Wogen geglättet haben.

Das mit den Cremes am Morgen und am Abend ist ziemlich mühsam. Noch dazu, wo ich mit der Abend-Creme auf den Augen nicht lesen kann, weil sie über den ganzen Augapfel schmiert. Und im Bett lesen ist mein Schönstes. Also schludere ich, vergesse zuweilen auch die Tropfen für tagsüber. Und bemerke, dass es schlimmer wird mit meinen Augen. Sogar auf dem kurzen Weg im Auto hinauf zum Lerchenberg. In zwei Tagen ist wieder Sendung. Mir wird ganz anders. Ziemlich verzweifelt rufe ich in der Mainzer Augenklinik an. Zu der anderen Ärztin wollte ich nicht mehr. Auch wegen meines schlechten Gewissens – denn so ganz präzise habe ich mich wirklich nicht an ihre Medikationsanweisungen gehalten.

In der Uni-Klinik bekomme ich tatsächlich am nächsten Morgen um 7 Uhr früh einen Termin. Dankbar sitze ich auf einer Plastikbank in einem kahlen Gang. Eine junge Frau bittet mich zu sich herein; wieder erzähle ich meine Geschichte vom dem Blinken und Blinzeln, auch von der Diagnose der Kollegin in Wiesbaden, nenne die Medikamente und schildere meine Ratlosigkeit. Die Universitätsärztin will als Erstes meine Tränenkanäle testen. Ehe ich es richtig begreife, hat sie mir schon zwei kleine Plastikkanülen in meine Unterlider eingesetzt. Damit soll der Abfluss meiner Tränenflüssigkeit gestoppt werden; die Augen würden so feuchter bleiben, ich müsste nicht mehr so stark blinzeln und blinken. Leuchtet mir ein. Aber wenn das des Rätsels Lösung ist, warum dann nicht schon eher?

Versorgt mit einem weiteren Rezept für ein neues Liquid zur Befeuchtung meiner ach so trockenen Augäpfel ziehe ich ab. Zuerst brav zur Apotheke, dann ins Büro. Die Vorbereitung der Sendung nimmt mich sofort voll in Anspruch: Es geht diesmal um Anlagebetrug. Durch ein dubioses Steuersparmodell ist ein Familienvater in den Ruin getrieben worden. In einer weiteren Geschichte rücken wir einem Vater auf den Pelz, der sich vor Unterhaltszahlungen drückt, obwohl er genug Geld hat. Später wird das Jugendamt erfolgreich gegen ihn prozessieren. Schließlich erheben verzweifelte Eltern Anklage gegen die Kollegen ihrer Tochter. Sie war Polizistin und hat sich das Leben genommen. Vermutlich wegen Mobbings am Arbeitsplatz. Die Redaktionsarbeit läuft präzise und reibungslos wie immer. Meine Augen sind vergessen, jetzt geht es nur noch um die Menschen. Und um die Frage, ob wir Missstände aufdecken und in einigen Fällen vielleicht sogar helfen können.

Ich habe nach der Sendung ein gutes Gefühl, auch die Kolleginnen und Kollegen schauen nicht unglücklich drein. Aber am nächsten Tag sehe ich mir die Sendung auf Video an und bemerke mehr denn je, wie sehr ich meine Augen zukneife, wenn ich zuhöre. Hat also alles nichts gebracht? Wer kann mir da helfen? Wenn das so weitergeht, kann ich gar nicht mehr vor die Kamera. Was dann?

5. Kapitel

EIN TURBULENTER HERBST

Es wird Herbst im Rhein-Main-Gebiet. In den Weinbergen ernten die Bauern satte Reben. Ich gehe mit meinem Mann oft noch am Abend spazieren. In beiden Jackentaschen immer die kleinen Plastikkanülen mit den Tropfen. Denn besonders draußen muss ich viel blinzeln. Und das komme ja – so die einheitliche Meinung bisher aller Augenärzte, die ich dazu konsultiert habe – von meinen strohtrockenen Augen. Sehr viel mehr Gedanken mag ich mir zurzeit auch gar nicht machen. Ich tropfe mir das Gel links und rechts in den Tränensack – und hoffe, dass dieses blöde Leiden endlich verschwindet.

Viel mehr bewegt mich, was mit meinen Kolleginnen, meinen Kollegen und auch mit mir wird. Denn jetzt ist endgültig klar: »Mit mir nicht!« wird eingestellt. Ebenso das politische Magazin »Kennzeichen D«, mit dem wir uns den wöchentlichen Sendeplatz mittwochs um 22.15 Uhr teilen. Dazu naht das Ende von »Frontal« mit den Herren Hauser und Kienzle. Dafür sollen zwei ganz neue Magazine zur »Primetime«, also um 21 Uhr, ins Programm kommen.

Das sind keine guten Nachrichten. Wir in der Redaktion wollen uns aber den Modernisierungsbestrebungen nicht entgegenstellen, keinesfalls den Kopf in den Sand stecken. So diskutieren wir, machen Vorschläge, verwerfen sie wieder, entwickeln neue Konzepte, neue Sendungen. Einige der Kolleginnen und Kollegen schauen sich schon nach anderen Stellen um. Ich helfe, wo ich kann. Suche neue Jobs und Redaktionen für sie. Denn meine Mann-/Frauschaft kam schließlich aus ganz Deutschland von den erfolgreichen Sendungen »Monitor«, »Report«, »Frontal«, »Focus TV«, »Mittagsmagazin«, »Sat 1« und »WISO« zusammen. Die wollen im Magazingeschäft bleiben. Verständlich.

Völlig überraschend für mich wird mir eines Tages in großer Sitzungsrunde eine Nachmittags-Talksendung angeboten – mit dem Hinweis, »ich müsse nur noch zustimmen«. Das trifft mich wie ein Hammerschlag. Nachmittagstalk? Ich? Nichts gegen Bärbel Schäfer und die anderen Damen und Herren bei den privaten Sendern – aber ohne zu selbstbewusst zu sein, ist so ein Format nicht unbedingt mein größter Traum.

Aber die Zeiten sind hart. Ich packe meine Bergschuhe und meinen Laptop ein und fahre für eine Woche hinunter in die Tiroler Berge. Da will ich mir alles durch den Kopf gehen lassen. Mir ein Konzept ausdenken, mit dem ich mich identifizieren kann. Aber erst mal: viel lesen – Tageszeitungen, Illustrierte, ich habe mir einen dicken Packen älterer Ausgaben mitgebracht. So ganz allmählich kristallisiert sich heraus, was mir am Samstagnachmittag – um den geht es – vorschwebt: interessante Gäste, mit einem aktuellen Bezug zur Woche. Nicht politisch, eher nah an den Problemen der Menschen. Aber auch aus Musik, Theater, Literatur. Vorausgesetzt, die Gäste waren in den vergangenen Tagen in den Schlagzeilen.

Am letzten Nachmittag gehe ich mit meiner Freundin Heidi, die mich in diesen Tagen beherbergt, auf den Berg. Es ist ein strahlender Herbst, die Sonne strengt sich noch einmal so richtig an. Es könnte ganz wunderbar sein, wenn – ja ... wenn ich nicht so viel blinzeln müsste. Als wir beide vom Horn ins Tal wandern, muss ich fast an jeder Kurve stehen bleiben. Ich zwinge krampfhaft die Augen auf und träufle mir voller Hoffnung wieder ein paar Tropfen in die Tränensäcke, dann gehen wir weiter, bis ich wieder anhalten muss. Ich schiebe es auf das grelle Sonnenlicht. Renne unten im Dorf in meiner Verzweiflung in die nächste Apotheke. Erzähle der netten Apothekerin im Tiroler Dirndl von meinen zu trockenen Augen, von der starken Sonne, von meinen Problemen. Sie nickt verständnisvoll den Kopf und beruhigt mich: »Ja mei, des kenn i scho, des ham vui Leit, vor allem Weiberleit.«

Sie habe dafür ganz spezielle Augentropfen, die helfen ganz gewiss. Ich zahle 64 Schillinge und gehe mal wieder voll neuen Mutes zu Heidi, die mich bereits im Gasthaus am Marktplatz erwartet. Kopf nach hinten, Tropfen in die Augen und gleich das gute Gefühl: Die helfen – jetzt ist es besser. Jetzt wird alles wieder gut.

Aber nur kurz. Schon am nächsten Tag, auf der sechsstündigen Fahrt zurück nach Mainz, muss ich immer wieder anhalten. Allmählich stört mich das Ganze doch gewaltig. Sicher – wenn ich so mittendrin bin in meinem Job, wird mir das Augenzwinkern nicht so sehr bewusst. Es ist auch in dieser Zeit recht hektisch im Sender. Das Konzept für meine neue Nachmittagssendung gefällt. Jetzt geht es rund. Denn wir sollen Anfang Februar starten. Das ist in genau zwei Monaten. Das neue Team besteht zum großen Teil aus meinem alten Team. Viele, die sich als Magazin-Redakteure nicht in einer Talkshow sehen, sind schon woanders untergekommen. Ich bin ziemlich erleichtert. Keiner wird nach der Einstellung von »Mit mir nicht!« am 1. Januar ohne Job sein.

Aber jetzt geht es ums Geld. Genauer um den Etat. Dann um die »location«, um die Örtlichkeit, wo wir die Sendung aufzeichnen und ausstrahlen. Ich schlage die Lounge eines weltstädtischen Hotels am Rhein vor, dann müssen wir nicht so viel Geld für Dekorationen, Auf- und Abbau und Lagerung ausgeben. Mit Jürgen, seit vielen Jahren in fast allen meinen Sendungen der Regisseur, und zwanzig Mann aus der Technik machen wir Ortsbesichtigung. Es sieht gut aus, nicken sie alle. Sowohl vom Licht als auch von der Beschallung her. Und der Hoteldirektor hat auch nichts dagegen. Ganz im Gegenteil.

Im Sender können wir unsere Redaktionsräume behalten, die PCs und die Möbel auch. Es fügt sich alles, und inzwischen beginne ich mich auf die Sendung zu freuen. Da bittet mich der Chefredakteur nochmal zu sich, gleich am nächsten Morgen, wenn es geht um 8 Uhr. Ich denke mir nichts Besonderes. Im Vorfeld einer neuen Sendung gibt es immer viel zu besprechen. Nur mein lieber Mann ruft mir noch zu, als ich in der Früh davonsause: »Lass dir aber nicht schon wieder was Neues aufs Auge drücken …« Wie Recht er haben sollte mit seinem flapsigen Wunsch.

Ich werfe noch eine neue Packung Augentropfen in meine große Handtasche und sause los. Im Vorzimmer treffe ich den neu aus Berlin hinzugezogenen »Chef vom Dienst«. Er berichtet von seiner Haussuche, ist tief unglücklich über den miserablen Immobilienmarkt im Rhein-Main-Gebiet. Ich stimme ihm zu und berichte von unserem Glück vor einem

Jahr und dem schönen, neu renovierten Häuschen in Mainz. Nicht ahnend, wie sich alles fügen würde.

Dann empfängt mich ein gut gelaunter Chefredakteur in seinem großen Büro, bittet mich Platz zu nehmen und sagt im gleichen Atemzug: »Also, Sie haben da vielleicht schon Recht gehabt, eine Nachmittags-Talksendung ist wirklich nicht das Richtige für Sie. Ich biete Ihnen die Studioleitung London an, haben Sie Lust?«

Ich hole kurz tief Luft, aber dann zögere ich keine Sekunde mehr – im Hinterkopf die begeisterten Beschreibungen meines Mannes, der einmal in London gelebt hat. »Ja!«, sage ich sofort. Aber im gleichen Atemzug will ich wissen, was dann mit meinen Kolleginnen und Kollegen passiert, die sich jetzt alle mit mir auf die neue Sendung eingestellt haben. »Alle werden gebraucht, alle kommen unter«, versichert mir der Chefredakteur. Als mir dann noch einfällt zu fragen, wann ich den neuen Job antreten sollte, wird mir bei seiner Antwort ganz anders: »In sechs Wochen, zum ersten Januar, das geht doch. Oder?«

Ich glaube, ich habe in der ganzen Zeit im Büro des Chefredakteurs nicht einmal mit den Augen gezwinkert. Mit hochroten Wangen verlasse ich sein Zimmer. Tausend Dinge gehen mir durch den Kopf. Als Erstes muss ich meinen Mann anrufen. »Weißt du, wohin wir bald gehen?«, frage ich. Er findet diese Frage nicht sonderlich ungewöhnlich in diesen turbulenten Zeiten auf dem Lerchenberg. »Nach Berlin?« – »Nein.« – »Zurück nach München?« – »Nein.« – »Dann weiß ich's nicht.« – »Du kannst es aber erraten«, insistiere ich, »weil du da immer so gerne warst … wir gehen nach London!«

Mein Mann beweist mal wieder seine Flexibilität und Loyalität. Er freut sich und beginnt sofort mit den ersten Listen. Seine Zeit in London als Mitglied des britischen Staff College der Luftwaffe hat er in schönster Erinnerung. Damals durfte er als junger Major ein Jahr lang eine Spezialausbildung bei der Britischen Luftwaffe absolvieren. Immer wieder hat er mir von dieser Zeit vorgeschwärmt, von den freundlichen britischen Kollegen, vom herrlichen Land, den fröhlichen Festen. Und wie gut man in Großbritannien leben könne. Also, denke ich: Auf geht's.

»Nur schade«, sagt er noch, »dass wir unser gerade erst bezogenes schönes Häuschen schon wieder verlassen müssen.« Ich fühle mit ihm, denn die meiste Renovierungsarbeit hat er vollbracht. Aber insgesamt überwiegt bei uns beiden ab jetzt die Aufbruchstimmung.

Dann fällt mir der vom Haus-Suchen so frustrierte Kollege ein. Mit einem breiten Grinsen im Gesicht gehe ich in sein Büro. Ganz irritiert schaut er mich zunächst an, als ich ihm sage: »Ich habe ein Haus für Sie – unseres.« Aber dann ist er begeistert.

Noch am gleichen Nachmittag fährt er zu meinem Mann, um das Haus zu besichtigen, drei Tage später kommt seine Frau – und der Deal per Handschlag ist perfekt.

Mein Mann und ich köpfen an diesem Abend eine ganze Flasche Rotwein und diskutieren die neue Situation. Nach meinem anfänglichen Enthusiasmus kommen mir jetzt auch Zweifel. Kann ich das überhaupt? Ein aktuelles Studio zu führen ist etwas anderes, als ein Magazin zu leiten. Meinem Mann fällt an diesem Abend auf, dass meine Augenlider heftig blinzeln. Zum ersten Mal auch zu Hause, wenn wir beide ganz unter uns sind. Manchmal bleiben die Augen sekundenlang ganz zu. Ich schiebe es auf den Rotwein und falle ins Bett.

Zwei Tage später steht die Meldung von meiner Versetzung dann auch schon in den Zeitungen. Und bei meinem Mann und mir verlängern sich die »to-do«-Listen. Vor allem will ich ganz schnell nach London und eine Wohnung suchen. Nicht ahnend, was mich dort erwartet. Der bisherige Studioleiter will mir zuerst seine jetzt frei werdende Wohnung zeigen. Vielleicht fügt sich das ja auch so gut wie mit unserem Mainzer Nachfolger.

6. Kapitel

MAL WIEDER WOHNUNGSSUCHE

Das Londoner Studio ist sehr beeindruckend: ein viktorianisches Londoner Stadthaus direkt am St. James's Park, zwischen Downing Street und Buckingham Palace. Helen, die den so genannten »aktuellen Desk« im Studio leitet, zeigt es mir. Sie ist die Seele des Studios. Bei ihr kommen alle Bilder an, die uns über die Standleitungen von BBC und ITN überspielt werden. Sie sammelt auch die aktuellen Meldungen und verteilt sie an die Korrespondenten. Helen, so erfahre ich später, ist eine ehemalige ITN-Producerin mit unglaublich viel Erfahrung und einer großen Leidenschaft für ihren Beruf und die neuesten Bilder.

Theo Koll, mein Vorgänger, nimmt mich herzlich in Empfang. Helen bringt mir einen wunderbaren englischen Tee mit Milch. Das Büro des Leiters – mein künftiges – erscheint mir riesig. Drei edle grüne Ledersofas und ein immens großer Teak-Schreibtisch sind die Herzstücke. Mein Kollege erzählt mir erst mal alles zum Thema Personal und Ablauf der täglichen Arbeit. Ich schreibe mit in mein hellblaues Buch. Doch ich geniere mich fürchterlich bei diesem ersten Gespräch. Weil ich Theo Koll gar nicht ruhig in die Augen sehen kann, ständig mit den Lidern krampfe und blinzle, mich nur rette, indem ich in mein Notizbuch sehe. Was mag der von mir denken? Ist die nur nervös oder hat die einen Tick?

Ich bin froh, als Helen das Gespräch mit dem Hinweis unterbricht, dass die Maskenbildnerin jetzt da sei, für die Fotos. Die Pressestelle hat sie für eventuelle Anfragen in Auftrag gegeben. Wir setzen uns in einen der Schneideräume. Sie erkennt sofort mein Problem und träufelt mir ihr »Wundermittel« in die Augen. Die besten englischen Tropfen; alle Fernsehmoderatorinnen von BBC und ITN schwören darauf, versichert sie mir. Ich hoffe, dass sie Recht hat – damit ich die Augen auf den Fotos nicht zu sehr zusammenkneife. Im Übrigen ist meine Devise ab jetzt nur noch: Da musst du durch …

Zusammen mit Dan, dem Kameramann, fahren wir dann die einschlägigen Londoner Fotopositionen ab: vor dem Parlament mit Big Ben im Hintergrund. Vor Buckingham Palace am goldenen Gatter und in Whitehall mit den Guards neben mir. Wenn ich mir heute diese Bilder ansehe, spüre ich wie gestern den Druck auf meinen Augen. Auf Fotos soll man doch ganz große Augen machen. Ich aber habe an diesem Tag und auf diesen Fotos superkleine Schlitzaugen, zusammengepresst und umgeben von lauter Falten. Entsetzlich.

Der nächste Tag ist der Wohnungssuche gewidmet. Zuerst sehe ich mir die von Theo Koll an. Sie ist sehr repräsentativ, aber die Fenster der beiden Schlafzimmer gehen zur Straße hinaus. Und erscheinen mir nicht dicht genug zu schließen, denn man kann die viel befahrene Victoria Street, die um die Ecke liegt, hören. Noch habe ich deutsche Vorstellungen von einer Wohnung in London. Zwei Makler zeigen mir an den nächsten beiden Tagen über zwanzig Wohnungen. Und ich muss mich jedes Mal wieder wundern. Zum einen über die wirklich horrenden Preise: 1000 Euro in der Woche für drei Zimmer sind normal. Zum anderen über die Qualität der angebotenen Wohnungen.

Mein Mann und ich hatten uns vor der Suche genau aufgeschrieben, welche Eigenschaften unser Domizil in London haben soll. Zum Beispiel zwei ruhige Schlafzimmer, in denen man im Sommer auch die Fenster öffnen kann. Dann soll sie hell und licht sein, mit einem ordentlichen Essplatz, an dem wir Gäste bewirten können. Ein kleiner Garten oder Balkon zum Draußensitzen würde uns auch sehr gut gefallen. Und das maximal 45 Minuten vom Studio entfernt. Egal ob mit Bus oder Underground.

Aber nichts, was die Makler mir zeigen, entspricht auch nur im Entferntesten unseren Vorstellungen. Als mir die Maklerin nach einer halsbrecherischen Autotour durch Central London dann auch noch eine Souterrainwohnung am Sloane Square anbietet, reicht es mir endgültig. Dass wir im Wohnzimmer sitzend die Schuhe der Londoner Bürger betrachten sollen, finde ich vollkommen abwegig. Ich bedanke mich höflich und fliege ziemlich deprimiert nach Hause. Mein einziger Trost ist, dass meine neuen Kollegen mir versichert haben, dass der Immobilienmarkt im neuen Jahr sicherlich wieder viel besser aussehen würde.

Jetzt habe ich erst mal ab Januar ein möbliertes Zimmer in einem Apartmenthotel in Kensington gebucht. Der Sender wird bis zu sechs Monaten die Kosten dafür übernehmen. So lange haben wir Zeit zum Suchen.

Zurück in Mainz laufen die Vorbereitungen für die letzte »Mit mir nicht!«-Sendung auf Hochtouren. Wir planen eine

Rückblende auf unsere größten Erfolge. Quasi noch zum Abschluss eine Leistungsbilanz.

Jetzt, vor London, will ich aber auch das mit meinen Augen endgültig in Ordnung bringen. Ich telefoniere mit einem Freund aus Wien, einem der führenden europäischen Endokrinologen. Neue Hoffnung bei mir. Denn er beruhigt mich. In seiner jahrzehntelangen Praxis habe er immer wieder von trockenen Augen gehört. Und darum habe sich ihm die Vermutung aufgedrängt, dass das irgendwie mit den Hormonen zusammenhängen würde. Zusammen mit einem befreundeten Apotheker habe er deswegen hormonhaltige Augentropfen entwickelt.

Ich bin begeistert. Schon beim Zuhören habe ich das Gefühl: Das ist des Rätsels Lösung. Noch am gleichen Tag schickt er mir das Präparat nach Mainz. In einer dicken Verpackung. Denn das Fläschchen ist aus Glas.

Begeistert packe ich die Tropfen aus. Schon nach kurzer Zeit vermeine ich eine Verbesserung zu verspüren. Ich gehe keinen Schritt mehr aus dem Haus ohne diese neuen Tropfen. Und bilde mir wirklich ein, dass das Blinzeln und Blinken fast weg sei.

Nach unserer letzten Sendung im Dezember 2000 gratulieren uns viele: Es sei eine unserer besten gewesen. Und bedauern, dass es uns nicht mehr gibt. In unseren Redaktionsräumen drängen sich die Kolleginnen und Kollegen. Wir haben ein schönes Büffet bestellt, ich steige auf einen Stuhl und bedanke mich bei allen, die in diesen vier Jahren mit uns gekämpft haben. Gegen das Unrecht draußen, für die Menschen, die unter Organisationen, Firmen, Institutionen, Behörden und Ämtern leiden. In 78 Prozent der Fälle konnten wir tatsächlich helfen. Oft erst *nach* der Sendung. Aber immer *durch* die Sendung. Als ich mir noch spät am Abend die Aufzeichnung ansehe, fällt mir auf, dass ich überhaupt nicht blinzele. Ist es vorbei? All die Wochen und Monate nur ein Spuk? Helfen die hormonhaltigen Tropfen? Es wäre zu schön, um wahr zu sein.

Jetzt sind erst mal Ferien angesagt. Mein Vorgänger in London hat zwar schon seine Sachen gepackt, aber die netten Kollegen schicken eine Stallwache nach London. So bleibt mir Zeit zum Luftholen und Verschnaufen bis zum 16. Januar. Die Pause wollen wir in unserem kleinen Ferienhäuschen im Süden verbringen. Denn, oh Wunder: Es ist rechtzeitig fertig geworden. Und das in Spanien, bei den Unkenrufen all unserer Freunde. Ich kaufe einen Christbaum – wie alle Spanier im großen Blumentopf, damit man die Umwelt schont und den Baum hinterher wieder auspflanzen kann. Den Christbaumschmuck habe ich schon vorher angeschleppt. Es gibt am Weihnachtsabend Ente, Blaukraut und Knödel. Meine »Männer«, also mein Ehemann und mein jüngster Sohn, legen darauf gesteigerten Wert.

Alles ist wunderbar. Bis mir am ersten Feiertag das kleine braune Fläschchen mit meinen hormonhaltigen Augentropfen auf die weißen Kacheln im Bad fällt. Tausend kleine Splitter – meine einzige Rettung liegt in winzigen Seen auf dem Boden. Ich bin fassungslos. Denn über Weihnachten und Neujahr ist keiner in Wien zu erreichen, um mir noch einmal diese für mich so kostbaren Estradiol-Augentropfen zu schicken.

Ich fühle mich verloren und will dennoch die Hoffnung nicht aufgeben, dass hier im milden mediterranen Klima meine Augenlider ruhiger werden. Immerhin bin ich hier weit weg vom Sender und meinem anstrengenden Alltag. Aber so ganz machen die Augen nicht mit. Ich erlebe wieder das Gleiche wie im letzten Jahr. Wenn ich allein bin, mich mit anderen Dingen konzentriert beschäftige, ist alles normal. Wenn ich allerdings mit Freunden zusammen rund um unseren Tisch sitze, wir uns alle am spanischen Rotwein erfreuen, fällt es mir extrem schwer, den anderen ohne zu blinzeln beim Reden in die Augen zu sehen. Die Lider krampfen und blinken, mit dem Rotwein wird es nur noch schlimmer. Nicht besser, wie ich manchmal hoffe. Dann schimpfe ich innerlich mit mir. Denke, es ist nur eine Frage des Loslassens. Konzentrier dich einfach und vertreib das Krampfen! Ist doch nur eine Frage des Willens, des Wollens, oder?

Aber umsonst. Aus Deutschland reisen Freunde an, beide Mediziner. Sie ist Augenärztin, heißt Eva und bringt mir eine Flüssigkeit mit, die gegen die Trockenheit auf den Augäpfeln wirken soll. Noch kenne ich keinen anderen Grund für das so häufige Verkrampfen meiner Augenlider. Ich träufle stündlich – aber ohne sichtbaren Erfolg. Und träume schon von meinen Estradiol-Hormon-Augentropfen. Meinem Wundermittel.

Der andere Freund heißt Michael, ist Internist und bringt mir ein neues Hormonpräparat mit. »Das mit deinen Augen kann schon auch mit den Hormonen zusammenhängen«, meint er und drückt mir die Schachtel in die Hand. Ich bin gerührt, wie sich die Freunde um mein Wohlergehen sorgen. Nur packt mich manchmal auch die Verzweiflung. Weil es in dieser »Ruhepause« überhaupt nicht besser wird. Auch auf unseren langen Spaziergängen über die winterlich-stille und verträumte Insel muss ich immer häufiger stehen bleiben. Trotz Sonnenbrille mit Windschutz, trotz der Tropfen – es wird nicht besser. Was passiert dann erst in London, in meinem neuen Job? Und vor allem: Was habe ich? Wie heißt diese Erkrankung, ist sie vielleicht psychosomatisch? Oder fehlt mir etwas sehr viel Ernsthafteres? Auf der einen Seite genieße ich diese langen Tage mit meinem Mann, auf der anderen plagt mich große Unruhe, weil ich endlich wissen will, was man gegen die blinkenden und blinzelnden Augenlider tun kann. Aber nach vier Wochen heißt es jetzt erst mal: Koffer packen für die Wintermonate in London.

7. Kapitel

NEUER START AN DER THEMSE

Es nieselt dunkelgrau, als ich in London Heathrow ankomme. Auf dem Rücken meinen neuen schwarzen Mandarina-Duck-Rucksack. In dem soll mein Laptop Platz haben, wenn ich mich ab jetzt jeden Morgen auf den Weg ins Büro mache. Per U-Bahn und Bus. Autofahren kann ich hier vergessen, haben mir alle schon vorher gesagt. Jetzt sitze ich erst mal in einem der geräumigen Londoner Cabs, samt großem Koffer und einem Haufen Winterklamotten. Denn ab jetzt bleibe ich ja in dieser Stadt, werde nur noch zum letzten Packen nach Mainz fliegen. Wenn wir denn eine Wohnung gefunden haben ...

London ist Mitte Januar nicht unbedingt ein Hit. Aber auf mich wartet ein spannender Job. Mein erster Eindruck von Helen war richtig: Sie ist die gute Seele des Londoner Büros. Zur Begrüßung bekomme ich von ihr wieder einen wunderbaren englischen Tee mit kalter Milch. Dann räume ich erst mal mein Büro um – nach Feng-Shui-Kriterien. Die Sofas in U-Form, als »warm welcome« gegenüber dem Eintretenden. Meinen Schreibtisch so, dass ich zwar mit dem Rücken zur Wand sitze (geschützt), aber alles von der Tür bis zu den Fenstern im Auge habe. Ein Poster von »Mit mir nicht!« kommt links neben die Tür, das ist die Berufsecke. Dann Fotos meiner Lieben auf einem kleinen Tisch, das »private Glück«. Die große Pflanze vor eines der drei großen Fenster, damit nicht zu viel Energie wieder hinausfließt in den schönen St. James's Park, und schließlich frische Blumen auf den Schreibtisch.

Allein in meinem Büro scheinen mir meine Augen ganz ruhig. Aber schon während der ersten Sitzung mit den 15 Kolleginnen und Kollegen am Morgen bekomme ich sie kaum auf. Jetzt habe ich mir schon eine besondere Kopfhaltung angewöhnt: krampfhaft nach hinten gebeugt, damit ich unter den zusammengezwickten Augen hervorschauen kann. Mein Englisch, von dem ich dachte, es sei nicht schlecht, kommt mir ganz mickrig vor. Dazu kommt, dass so ein Auslandsstudio doch mehr ein Serviceunternehmen für die ganzen ZDF-Programme ist, und damit etwas ganz anderes als eine eigenständige Magazin-Sendung, wie ich sie mit »ML – Mona Lisa« und »Mit mir nicht!« geleitet habe. Da bestellt das Morgenmagazin ab 5.30 Uhr früh einen Film zum 50. Geburtstag von Phil Collins, das Mittagsmagazin ab 13 Uhr etwas über den U-Bahn-Streik in London. »Heute in Europa« will um 16 Uhr einen Beitrag über die indische Gemeinschaft in Großbritannien haben, »Hallo Deutschland« um 17.15 Uhr und »Leute heute« kurz vor 18 Uhr wieder einen Beitrag, aber bitte einen ganz anderen als heute früh, über Phil Collins.

Beim Lesen und im Schneideraum sind meine Augen brav. Wenigstens das. Aber das ganze Geschehen schwebt über mir wie ein Damoklesschwert. Was, wenn ich einen Live-Aufsager machen soll? Nicht, dass ich es seit 1980 nicht gewohnt wäre, live und frei vor der Kamera zu den unterschiedlichsten Themen zu sprechen. Aber jetzt, mit meinen Augen, habe ich richtig Angst davor. Ich hoffe, dass nicht gleich etwas Dramatisches passiert. Ich hoffe, dass sich meine Augen von ganz allein wieder fangen. Ich hoffe ... wie ein kleines Kind.

Es dauert genau drei Wochen, bis die erste aktuelle Katastrophe unser Studio ins Zentrum der Berichterstattung im ZDF rückt: ein schlimmes Zugunglück mit über hundert Toten in Mittelengland.

Die Aktualität, so heißt die Hauptabteilung im ZDF, die die Sendungen »heute«, das »heute journal«, »heute nacht«, »Hallo Deutschland« und »Leute heute« produziert und verantwortet, hat mir freundlicherweise für meine ersten Wochen im Studio einen jungen Kollegen zur Unterstützung geschickt. Denn der so genannte zweite Korrespondent, auch »Abwesenheitsvertreter« genannt, soll erst im April anfangen. So erwischt es den neuen Mainzer Kollegen auch gleich voll. Er düst an seinem zweiten Tag mit dem Kameramann und einer Producerin an den Unfallort. Leider hat mein Kollege Martin gleich bei seinem ersten Live für die 19-Uhr-»heute«-Sendung Pech: Die Sendestrecken sind überbucht; alle anderen Sender von BBC über ITN bis zu CNN oder Sky-News gehen vor; es ist unsicher, ob wir eine Leitung bekommen.

Deshalb stehe ich im Studio bereit. Genauer: Ich sitze. Bin inhaltlich voll informiert. Die Producerin im Studio hat dafür gesorgt; kurz vor der Schalte gleicht sie noch einmal mit meinem Kollegen die letzten Informationen ab. Für einen Maskenbildner reicht es nicht mehr. Ich schminke mich selbst. Denn Fernsehen erfordert leider Make-up. Eine Frau kann nicht völlig ohne Puder, Lidstrich und Lippenstift vor die Kamera treten. Vorausschauend habe ich alle Utensilien dafür bereits im Studio in einer Schublade gebunkert. Jetzt heißt es: schnell, schnell. Alles Neue lesen, was zu dem Unglück über die Ticker kommt. Ein paar Notizen für das Schaltgespräch, wenn es mit Martin am Unfallort tatsächlich nicht klappen sollte. Und noch einmal das Äußere prüfen. Denn Fernsehen lebt vom Bild – und ich weiß genau, dass eine Korrespondentin auch nach ihrem Aussehen beurteilt wird. Im Gegensatz zu den männlichen Kollegen. So ist das immer noch. Leider.

Jetzt warte ich also auf einem kleinen Stühlchen in unserem »Kellerstudio«; hinter mir eine so genannte Bluebox, eine blaue Wand, auf die mithilfe der Kamera das britische Parlament projiziert wird. Damit das klappt, darf ich nichts Blaues anhaben, und es sollte möglichst kein Haar einzeln in die Luft stehen, sonst wird der Trick zu offensichtlich. Eine Producerin steht mit der Stoppuhr neben der Kamera, denn bei der präzise getimten »heute«-Sendung ist schon eine Schalte mit zehn Sekunden (!) Überlänge problematisch; meist muss dann ein Beitrag oder eine Wortmeldung ausfallen.

Über meinen Knopf im Ohr höre ich die Zentrale in Mainz. Es klappt endgültig nicht mit Martin. Also schalten sie zu mir.

Dass ein Kollege am Unfallort ist und ein anderer im Studio bleibt, ist die übliche erprobte Aufteilung bei solchen Ereignissen. Im Studio laufen alle Bilder ein; der Korrespondent dort kann schneiden, texten, das Geschehen über viele Kanäle beobachten und einordnen. Und, wie jetzt, als Sicherheitspuffer für die Liveschaltung zur Verfügung stehen.

Inhaltlich, das habe ich später gesehen, war das Schaltgespräch in Ordnung. Ich bin mit mir selbst sowieso meist kritischer als alle anderen. Ich habe zwar um 20 Sekunden überzogen, weil ich im grellen Scheinwerfer-Gegenlicht die Zeichen der Producerin nicht sehen konnte. Aber das wird uns kein zweites Mal passieren. Wir werden ein anderes System mit Ziffern auf weißem Grund benutzen. Doch meine Augen – sie haben ununterbrochen gezwinkert, geblinzelt. Beim nachträglichen Ansehen des Bandes wird mein Kopf ganz heiß. Ich schäme mich so furchtbar. Und weiß gar nicht, wie das überhaupt weitergehen soll. Das, so denke ich, kann man keinem Zuschauer mehr zumuten. Im Studio traue ich mich nicht – noch nicht –, darüber zu sprechen.

Ein neuer Versuch: Akupunktur. Zwei Mal gehe ich zu einem Londoner Akupunkteur. Doch der kann mit meinem Leiden gar nichts anfangen, setzt sekundenlang drei Nadeln, kassiert einhundert Pfund (einhundertfünfzig Euro) und teilt mir mit, wenn es nach dem zweiten Mal nicht besser werden würde, dann sei Akupunktur nicht das Richtige. Enttäuscht fahre ich, bewaffnet mit Stadtplan und Schirm, vom edlen Holland Park mit der Underground wieder zurück nach St. James's. Ständig blinzle ich, immer wieder muss ich stehen bleiben, kein einziger Blick gelingt mir auf die noch so neue Stadt, auf die multikulturelle Menschenmischung um mich herum.

Am nächsten Abend gehe ich mit Beatrix, die seit 20 Jahren in London lebt, essen. Beatrix ist eine liebe Freundin aus alten Tagen. Sie war mal mit einem Freund von mir zusammen. Als sie nach Großbritannien wollte, ging zwar die Beziehung auseinander, aber nicht unsere Freundschaft. So freue ich mich auf den Abend mit ihr. Mein Mann ist ja noch in München. Die Abende in der großen Stadt sind eher einsam, wenn ich nicht gerade einen Film schneiden und texten muss.

Wir verabreden uns am Sloane Square. Von den Preisen in den Londoner Restaurants will ich lieber gar nicht erzählen, ich habe mir die Empfehlung unserer bayerischen Producerin Steffi zu Eigen gemacht: »Das Pfund ist eine Mark, nur so geht's.« Beatrix fragt mich während der Spagetti mit Steinpilzen für umgerechnet 27 Mark ganz vorsichtig: »Du, was ist eigentlich mit deinen Augen los?« So erzähle ich ihr, was ich bis dahin weiß. Vor allem aber von meiner Hilflosigkeit. Von meinen unzähligen Augentropfen, der missglückten Akupunktur. Von meiner »deep heat«-Salbe, die ich morgens und abends in den Schultergürtel und in den Hals einreibe. Weil da die Muskeln so hart sind wie Stein. Dicke Tränen laufen mir auf die italienische Pasta. Aber wie alle meine Freundinnen kann Beatrix nicht nur gut zuhören, sondern ist auch eine Frau der Tat und des Rates: »Du musst zum Osteopathen, einem, der deine Muskeln, deinen Hals behandelt«, sagt sie überzeugend. »Ich weiß einen hier um die Ecke in der Sloane Square Health Clinic. Und außerdem solltest du Kava Kava nehmen. Das ist eine sibirische Wurzel, die ungemein beruhigend ist. Sicher ist das alles nur, weil du hier neu anfängst, dich noch nicht auskennst, dein Job dich ganz anders fordert als bisher deine Magazine. Da war dir doch alles vertraut, das hast du beherrscht.«

Ich fühle mich getröstet. Schon am nächsten Morgen mache ich in der Health Clinic einen Termin bei Guru Singh, dem Osteopathen, und kaufe ein Glas Kava Kava.

Zwei Tage später – die nächste Katastrophe in Großbritannien: die Maul- und Klauenseuche bricht aus. Wir beginnen früh am Morgen mit der Arbeit im Studio, kommen nie vor neun, zehn Uhr raus. Diesmal wollen alle Programme, nicht nur die Aktualität, von uns Berichte, Livekommentare und Geschichten der betroffenen Menschen und Tiere.

Beatrices Ratschläge helfen. Die nächste Liveschaltung für die »heute«-Sendung ist vom View her viel besser. Dennoch ruft mich die neue Leiterin der »heute«-Redaktion an, und fragt, was ich denn mit meinen Augen habe. »Die sind einfach trocken«, antwortete ich, »aber das habe ich bald im Griff.«

Es ist das erste Mal, dass mich jemand vom ZDF offen darauf anspricht. Mir wird abwechselnd heiß und kalt. Denn wenn es auch nach dem bisherigen Stand der medizinischen Aussagen wirklich nur um »trockene Augen« geht, spüre ich im Unterbewussten, dass das nur die halbe Wahrheit ist. Und vom »im Griff haben« bin ich meilenweit entfernt.

Der Weg ins Studio wird immer beschwerlicher. Dabei ist es nicht weit: vom Apartmenthotel in Kensington aus erst zur U-Bahn und dann noch wenige Schritte zu Fuß – zusammen vielleicht 15 Minuten. Doch alle vier, fünf Meter muss ich stehen bleiben. Bewusst durchatmen, die Schultern entspannen und kann dann erst wieder die Augen öffnen. Später am Schreibtisch, beim Lesen, am Computer und im Schneideraum ist alles vorbei. Ich glaube selbst allmählich an einen Tick, daran, dass irgendwas in meinem Kopf verrückt spielt. Als ich auf einem Empfang der Foreign Press Association – das ist die Pressevereinigung für alle ausländischen Journalisten in London – meinem Gesprächspartner kaum mehr gerade in die Augen sehen kann, meinen Kopf immer weiter nach hinten biegen muss, laufe ich mittendrin auf und davon. Ich will niemanden mehr sehen und nehme den Weg durch den dunklen St. James's Park. In dieser Stunde tiefer Verzweiflung rettet mich wieder eine Freundin von mir. Maria aus Grünwald, die selbst lange in London gelebt hat, ruft genau in diesem Moment an. Sie spürt meine Ratlosigkeit, meine Angst. Und empfiehlt mir eine Neurologin in London. Ihr Ratschlag tröstet und schockiert mich zugleich. Neurologie – das ist die Nervenheilkunde. Sollte es wirklich daran liegen? Ich will, mag das nicht glauben. Und gehe nachdenklich, Nase schnäuzend und Tränen trocknend, langsam zu der Underground. Wie immer sehe ich wenig von der Stadt. Bin viel zu sehr konzentriert auf den Weg, darauf, die Bürgersteige, Lampenpfosten und anderen Hindernisse zu vermeiden, die mir meine krampfenden Augen nicht mehr zu sehen erlauben. Vielleicht hilft ja doch ein Fläschchen Wein zur Entspannung, denke ich, und kaufe mir eine halbe (!) Flasche Rotwein für acht Pfund (12 Euro). Aber nichts wird besser. Ganz im Gegenteil. Ich habe da schon ganz intensiv das Gefühl, dass Alkohol das Blinken und Blinzeln verstärkt. Später werde ich erfahren, dass genau das der Fall ist.

Inzwischen bricht die volle MKS-Welle über uns herein. Wir sind mit mir drei Korrespondenten, die rund um die Uhr alle Sendungen beliefern. Nun schon seit vier Wochen. Ich habe auch drei weitere Producer ins Studio geholt. Die gehen mit dem Kameramann hinaus, machen nach Absprache die Interviews und bringen die Bilder. Wir, die Korrespondenten, sitzen vor allem im Schneideraum beim Cutter und in der Sprecherkabine. Fließbandproduktion. Bis zu zehn, zwölf Beiträge pro Tag – oder Nacht, je nachdem, wie man es sehen will.

Ich bin froh, dass ich mir meine selbst aufblasbare Leichtluftmatratze aus den Zeiten meiner Reportagen in Bosnien und Tschetschenien im Studio gebunkert habe. Dazu meinen herrlichen Daunenschlafsack, ohne den ich so manchen Auslandseinsatz nicht überstanden hätte. Jetzt wird er wieder ausgerollt. Bis schließlich auch das Interesse an den Millionen geschlachteten britischen Schafen, an verzweifelten Bauern und ratlosen Politikern vorbeigeht.

Andere Themen treten in den Vordergrund. Doch in meinem Kopf sind sie noch, die schrecklichen Bilder von den fürchterlichen Feuern und den in die Luft ragenden Füßen und Köpfen der toten Tiere. Wir Fernsehjournalisten funktionieren ja perfekt in solch schlimmen Zeiten. Wer aber ehrlich mit sich umgeht, wird zugeben, dass man das Grauen nicht wirklich ausblenden kann. Es taucht immer wieder auf, nachts oder auch mal tagsüber, in Situationen, die an die erlebten, am Monitor oder durch die Kamera gesehenen Ereignisse erinnern. Das habe ich nach dem Krieg in Bosnien, nach Tschetschenien, Ruanda und den Erlebnissen im Gaza-Streifen jedes Mal wieder erfahren.

Wir sortieren uns neu im Studio, und ich ermuntere meine Kolleginnen und Kollegen, die Überstunden abzubauen. Denn eins habe ich bis jetzt im Auslandstudio begriffen: Man weiß nie, wann die nächste Katastrophe passiert. Also: Carpe diem, nutze den Tag.

Inzwischen ist auch mein Mann in Großbritannien angekommen. Samt einem genau nach Liste ausgewählten Teil unserer Möbel. Achtzig Prozent unseres Besitzstandes müssen wir aber einlagern. Denn die Wohnverhältnisse in London sind nicht im Entferntesten mit den deutschen zu vergleichen. Es ist alles sehr viel kleiner, enger, schmaler. Abstellräume kennt hier keiner. Dafür nur die enorm hohen Mietpreise.

Die Besitzer von Lagerhallen, von »storages«, machen deshalb richtig Geld. Gut, dass wir das meiste schon in Wiesbaden eingelagert haben. Nur Betten, Bücher, Geschirr und ein Esstisch mit den dazu passenden Stühlen kommen mit.

Der ersten enttäuschenden Maklertour waren unzählige weitere gefolgt. Doch dann, nach sechs Wochen, endlich ein Lichtblick: eine Wohnung an der Themse; zwei Schlafzimmer mit Fenstern auf einen ruhigen Hafen, ein Balkon genau für zwei Erwachsene auf der Südostseite und ein lichtdurchflutetes Wohnzimmer. Wir schlagen zu: Das ist mit Abstand die Beste der bisher besichtigten 62 Wohnungen. Dazu ist der Besitzer ein freundlicher Herr – wir sind zufrieden.

Der Preis ist allerdings gewöhnungsbedürftig: für die 90 Quadratmeter zahlen wir im Monat 6 500 Euro. Zwei Drittel übernimmt das ZDF, den Rest legen wir drauf. Wir müssen uns täglich von neuem an die unglaublichen Preise gewöhnen. Wenn das überhaupt möglich ist. Mittags kaufe ich mir entweder bei EAT oder bei prêt-à-manger einen Salat in der Plastikschale, mit zwei bis drei Cherrytomaten. Für zwei Pfund 90. Also vier Euro 50. Der »latte to go«, ein Milchkaffee im Pappbecher, kostet 1 Pfund 35 – zwei Euro. Essen gehen – kannst du vergessen. Höchstens mal zum Libanesen oder Chinesen. Da völlen wir dann an Plastiktischchen für 25 Pfund – das sind fast 40 Euro. Ich frage mich, wie die Menschen das machen. Einer meiner ersten Filme für »Heute in Europa« beschäftigt sich genau damit. Er erzählt von einer Krankenschwester mit einem Jahreseinkommen von 24 000 Pfund. Das sind zwar umgerechnet 36 000 Euro – aber die Kaufkraft ist deutlich schlechter als beim Euro. Das Pfund muss sie so, wie wir einst eine Mark, ausgeben. Und weil sie damit mit ihrem Kind und ihrem Mann überhaupt nicht über die Runden kommt, geht sie täglich um drei Uhr nachmittags zu einem zweiten Arbeitsplatz. Und das, nachdem sie mit dem Kind schon um fünf Uhr früh aufgestanden ist und in der Klinik Dienst hatte. Das Kind ist für 150 Pfund im Monat günstig (225 Euro) im dortigen Kinderhort untegebracht.

Ein Universitätsdozent mit 2 000 Pfund im Monat kann sich seine Zweizimmerwohnung allein nicht leisten. Also hat er untervermietet, an eine »flat mate«. Die teilt mit ihm das Bad und die Küche, hat ein eigenes, winziges Zimmer und zahlt 600 Pfund – das sind 900 Euro – im Monat dafür.

Auch der Großteil meiner Kolleginnen und Kollegen im Studio lebt in »Untermiete«. Eine eigene, noch so kleine Wohnung ist kaum erschwinglich. Obwohl wir, das ZDF, keinesfalls schlechter zahlen als die beiden großen Fernsehsender BBC und ITN. Aber die Stadt ist einfach unermesslich teuer. Deshalb gibt es auch in kaum einer anderen Stadt so viele Pendler. Drei Millionen am Tag allein mit der Underground. Dem Top-Pendler bin ich mal in der deutschen Botschaft begegnet: Er fährt am Morgen zweieinhalb Stunden erst Auto, dann mit dem Zug (wenn er denn geht) und dann mit der Underground. Und das Gleiche am Abend wieder. Fünf Stunden pendeln. Fünf Tage in der Woche. Klaglos. Das wäre in Deutschland undenkbar.

Dagegen ist mein Weg ins Büro und zurück relativ harmlos: erst etwa einen Kilometer zu Fuß, dann auf den Bus warten. Manchmal bis zu einer halben Stunde. Vom Bus in die Underground am Sloane Square, bis zum St. James's Park. Dann sind es nur noch fünf Minuten um die Häuser. Eigentlich alles kein Problem. Wenn nur meine Augen nicht wären.

Inzwischen ist es Mai, und ich bin schon fast fünf Monate an der Themse. Doch die Sonne hat sich mir nicht sehr oft gezeigt. Meine Kolleginnen und Kollegen trösten mich zwar, dass dies ein besonders schlechter Winter sei, aber ich habe die Hoffnung schon fast aufgegeben, einmal blauen Himmel über London zu sehen. Es ist alles andere als animierend. Dazu komme ich kaum einen Abend vor acht Uhr dreißig aus dem Büro. Wenn dann noch ein heftiger Wind weht, krampfen meine Augen ganz besonders schlimm. Ich weiß häufig gar nicht mehr, wie ich es nach Hause schaffen soll. Vom Bus aus rufe ich meinen Mann an. Er holt mich dann an der Haltestelle ab. In seinen Arm eingehängt gehe ich dann wie blind. Mit zusammengepressten Augen. Die sich einfach nicht mehr öffnen lassen. Auch nicht mit äußerster Kraft und Konzentration.

Gehen im Wind – das finde ich überhaupt das Schlimmste. Dagegen komme ich jetzt gar nicht mehr an. Liegt das ganze Problem vielleicht doch in der Halswirbelsäule begraben? Sind es die Muskeln dort, die meine Nervenenden zu fest zudrücken? Ich liege nächtelang wach und sinniere. Als junges Mädchen bin ich mal vom Pferd gestürzt, hatte einen Schädelbasisbruch. Viel später ist mir ein anderes Auto an einer Ampel hinten hineingefahren; ich kämpfte wochenlang mit einem bösen Halswirbelsäulen-Schleudertrauma. Sicher, der von Beatrix empfohlene Osteopath hilft mir und meinen Augen. Es geht mir nach der 60-minütigen Behandlung deutlich besser, die Augen blinken nicht mehr so stark. Ich habe den Eindruck, wieder klar sehen zu können. Aber schon einen halben Tag danach ist leider alles beim Alten. Später, auf einer Tagung in Düsseldorf, werde ich von Leidensgenossen erfahren, dass auch sie all diese alternativen Methoden versucht haben. Immer voller Hoffnung – aber letztlich ohne Erfolg.

Wieder ist es eine Freundin, die sich um mich sorgt, die mir weiterhilft. Sigrid, die Münchner Rechtsanwältin, gibt mir letztlich den entscheidenden Tipp. Sie habe einem befreundeten Augenarzt von mir erzählt. Von dem krampfhaften Blinzeln. Sie selbst saß mir ja schon an manchen Abenden gegenüber und erlebte meine Qualen. Dieser Arzt sprach zum ersten Mal von der Krankheit »Blepharospasmus«. Zum ersten Mal, seit ich seit eineinhalb Jahren von einem Termin zum anderen wandere, höre ich dieses Wort. Sein Bruder würde auf diesem Gebiet forschen. Den solle ich doch mal anrufen. Ruhig auch privat und am Abend. Seines Wissens nach könne man Blepharospasmus gut mit Botulinumtoxin, dem Nervengift, in den Griff bekommen.

Ich höre meiner Freundin Sigrid gespannt zu. Aber Gift? In meine Nerven? Das scheint mir verwegen – und gefährlich. Ich verdränge diese Information erst mal. Denn Judith, eine andere Freundin, erzählt mir noch etwas ganz anderes: »Du, ich habe von einem Professor in München gehört, der durchtrennt bei Blepharospasmus die Nerven über den Augen – und dann ist das Thema gegessen. Geh doch hin, lass dich anschauen, rede mit ihm. Das kann doch nicht schaden.« Auch Judith hatte mich oft an ihrem großen, langen Esstisch bei sich zu Hause in München sitzen sehen und erlebt, wie mir ein Krampf die Lider zusammenpresste.

Zwei Freundinnen, zwei Wege. Erst einmal liegt mir das Gespräch mit dem Operateur in München näher. Also: einen Termin machen und ab in den Flieger. Am Flughafen miete ich mir mit schlechtem Gewissen ein Auto. Denn ehrlich gesagt, gut und sicher fahren kann ich mit diesen Augen nicht gerade. Aber es geht besser, als ich denke. Und so tief im Innersten habe ich immer geglaubt, dass es mir daheim in Deutschland sowieso besser geht als in Großbritannien.

Eine freundliche Assistentin empfängt mich im Vorzimmer, nimmt erst mal meine Krankengeschichte auf. Damit das schnell geht und ich nicht jedes Mal das Gleiche erzählen muss, habe ich alles ordentlich aufgeschrieben, inklusive des totalen Check-up im Kreiskrankenhaus Agatharied, samt Kernspintomografie des Kopfes und der Halswirbelsäule, Hormonstatusbestimmung und Magen-Darm-Check-up. Der ebenfalls sehr freundliche Professor liest sich alles durch, schaut mir in die Augen, auf die Augenlider, hebt sie hoch, senkt sie wieder und schüttelt dann den Kopf. »Nein, das ist kein schlimmer Blepharospasmus, wenn es denn überhaupt einer ist. Die Patienten, die zur mir kommen, sind viel schlimmer dran, die können ihre Augen gar nicht mehr öffnen. Für die ist die Operation die einzige Rettung und eine wirkliche Lebensverbesserung. Kommen Sie zu mir, wenn es Ihnen schlechter geht.«

Ich bin zwar erleichtert, aber auch irgendwie irritiert. Was habe ich denn nun wirklich? Blepharospasmus, oder was?

8. Kapitel

WAS IST BLEPHAROSPASMUS?

Wie immer, wenn ich gar nicht weiterweiß, hilft mir mein Beruf. Ich werde das ganze Thema journalistisch angehen. Mich in die Problematik richtig einlesen. Der Münchner Professor, der seinen Blepharospasmuspatienten die Nerven durchtrennt, hat mir einige Artikel zu seiner Behandlungsmethode mitgegeben. »Jetzt wird elegant operiert«, lautet da eine Überschrift. Ich bin ganz erstaunt, was es alles über Blepharospasmus gibt, und wundere mich nur, warum ich sage und schreibe eineinhalb Jahre gebraucht habe, um zu entdecken, an was ich leide. Wie man dieser Krankheit beikommen kann, das will ich jetzt gründlich erforschen.

Der Operateur aus München kommt aus der Hals-Nasen-Ohren-Heilkunde. Er hat in einem bekannten deutschen Klinikum die Operationsmöglichkeiten bei schwerem Blepharospasmus getestet. Seiner Erkenntnis nach ist diese Erkrankung zwar eher selten, aber außerordentlich belastend. Sie geht mit schwersten tonischen Krämpfen der Muskeln über den Augenlidern einher. Ich weiß genau, was er meint. Er schreibt:

»Wegen der Fülle der möglichen Ursachen gibt es kein einheitliches Krankheitsbild. Dies ist wohl auch der Grund, warum die Suche nach einer organischen Krankheitsursache bisher ohne Erfolg geblieben ist. Eine Möglichkeit ist es, die Nervenenden über den Augen zu durchtrennen. Dies sollte je-doch nur bei schwerstem Blepharospasmus durchgeführt wer-den. 43 solcher Eingriffe habe ich ausgeführt. Dabei geht der Operateur folgendermaßen vor:

Erst werden die den Augenringmuskel versorgenden Nerven gekappt. Zugleich wird im gleichen Arbeitsgang überschüssige Haut am Oberlid im Rahmen einer so genannten ›Blepharoplastik‹ entfernt.

Dies haben Ärzte schon früher versucht. Aber noch nie war die Stelle präzise auszumachen gewesen, an der die Nervenresektion einerseits keine ausgedehnte Lähmung des Facialisnervs im Gesicht bedingt, andererseits aber zuverlässig den Lidkrampf löst. Diese Stellen für die Nervenresektion sind jetzt klar feststellbar.

Die operierten Patienten wurden nach den Eingriffen bis zu 14 Jahre beobachtet. Bei 42 Patienten kann man von einem Dauererfolg sprechen.«

So weit der Operateur. 42 Patienten, die von ihrem Blepharospasmus erlöst wurden – kein schlechtes Ergebnis. Aber ich will noch mehr wissen, traue dem Ganzen immer noch nicht ganz. Was mir auffällt ist, dass Blepharospasmus deutlich mehr Frauen zu treffen scheint als Männer, und alle sind über 40 Jahre. Sind also doch Hormone im Spiel, wie ich manchmal vermute? Denn mein Blinzeln und Blinkern, mein krampfhaftes Augenschließen ist exakt ein Jahr nach meiner Totaloperation aufgetreten. Seit der ich, wie fast alle Frauen, künstliche Hormone einnehme. Erst die falschen, wie durch den Hinweis der Wahrsagerin festgestellt wurde. Jetzt scheint zwar wieder alles im grünen Bereich – aber tief innen drin nagt an mir die Ungewissheit und die Frage, ob die tägliche Gabe von 0,6 Milligramm Presomen wirklich eine Perspektive ist.

Eines wird mir immer klarer beim Lesen all dieser medizinischen Informationen: Bisher gibt es keine Heilmethode bei Blepharospasmus. Die Ärzte, wenn sie denn überhaupt erkennen, was fehlt, verordnen eher hilflos Psychopharmaka oder Anti-Parkinson-Mittel. Beide mit heftigen Nebenwirkungen auf den ganzen Körper: verlangsamte Bewegungen, reduzierte Wahrnehmung der Umgebung, weniger Lebensqualität, weil der ganze Körper in seiner Aktionsfähigkeit heruntergefahren wird. Nur, damit die Lider nicht mehr so heftig reagieren.

Ich entdecke, dass einige Ärzte sogar eine mechanische Stützvorrichtung konstruiert haben. Quasi eine mechanische Bremse unter den Augenlidern. Mir wird ganz anders bei diesem Gedanken. Und dann stelle ich mir immer wieder vor, wie es ist, wenn das schon erwähnte Botulinumtoxin in die Muskulatur über den Lidern eingespritzt wird – für die meisten Neurologen anscheinend das Mittel ihrer Wahl. Aber ebenfalls ohne Langzeiterfolge. Ganz im Gegenteil. Der Patient muss genau alle drei Monate zum Spritzen erscheinen. Sonst verschlechtert sich das gesamte Krankheitsbild. Der Blepharospasmus wird dann schlimmer und ist auch mit höheren Gift-Dosen nicht mehr zu verbessern.

Tief berührt lese ich von Patienten, die sich wegen ihres starken Blepharospasmus das Leben nehmen wollten. Ich erinnere mich meiner Gefühle. Und kann die Menschen verstehen. Wer nichts mehr um sich herum sehen kann, wem Lesen, Schreiben, Fernsehen, Spazierengehen nicht mehr möglich ist – der fragt vielleicht schon nach dem Sinn des Lebens. Auch ich hatte manchmal das Gefühl, nicht mehr weiterzuwissen. Gerade in meinem Beruf ist es dramatisch, nicht mehr kommunizieren zu können, nicht mehr mit Menschen reden und ihnen zuhören zu können. Das ist für mich das Schlimmste. Hatte ich doch den Beruf einer Journalistin gerade deswegen gewählt. Weil mich Menschen und ihr Leben so faszinieren. Und ihre Geschichte erfährt man nur, wenn man mit ihnen redet, sie ansieht, Vertrauen schafft. Mit ständig blinzelnden und blinkenden Augenlidern ein Ding der Unmöglichkeit.

Irgendwie bin ich jetzt aber auch viel ruhiger, in diesem Sommer 2001, nachdem ich so vieles neu entdeckt hatte. Erstens weiß ich jetzt, welche Krankheit ich habe. Denn es kann nur Blepharospasmus sein, das wird mir immer klarer nach all den Recherchen. Zweitens ...

Zweitens vertraue ich darauf, dass es eine Lösung gibt. Ich muss nur gründlich weitergraben, suchen, recherchieren. Und das habe ich ja in den vergangenen über 30 Jahren in meinem Beruf gelernt.

Im Augenblick habe ich jedenfalls zwei Möglichkeiten: einmal die Durchtrennung der Nerven über dem zuckenden, krampfenden Lid. Oder die Injektion von Giftspritzen in die Nerven, um sie zu lähmen. Ich sitze in meinem Büro in London, stütze mein Kinn auf meine Hand und denke nach. Wie entscheiden? Was tun? Da fällt mir wieder der Freiburger Professor und Forscher in Sachen Blepharospasmus ein, dessen Namen und Telefonnummer mir meine Freundin Sigrid gegeben hatte.

Ich dürfe ihn ruhig auch mal privat anrufen, hatte sie mir gesagt. Genau das kann mich in diesem Moment weiterbringen.

Es ist Sonntag, 21 Uhr. Seine Frau ist sehr freundlich am Telefon, verbindet mich mit ihrem Mann. Ich habe den Wissenschaftler nie persönlich kennen gelernt. Aber seine Stimme, seine eindringliche Art, die Dinge zu schildern, zu beschreiben, werde ich nicht vergessen. Er hat sich als Augenarzt und Neurologe ein Leben lang mit dieser noch wenig publizierten Erkrankung beschäftigt. Hört mir still zu, als ich ihm meine Krankheitsgeschichte schildere. Als Erstes will er mich beruhigen, sagt, der Verlauf sei typisch, sehr klassisch. Also wieder die Bestätigung meiner Erkrankung. Dann erzähle ich ihm von der Möglichkeit einer Operation, von der Durchtrennung der Nerven über dem Augenlid. Aber da wird seine Stimme deutlich lauter … dringend rät er mir davon ab: »Die Nerven«, so erklärt er nachvollziehbar, »suchen sich immer wieder einen anderen Weg. Wenn sie über den Lidern durchtrennt werden, beginnen wenig später vielleicht die Mundwinkel zu zucken oder Sie können im Kehlkopf keine Sprache mehr erzeugen oder Ihr Hals dreht sich unverrückbar auf die Seite über die Schulter, der ganze Körper kann plötzlich im Nervenkrampf zucken.«

Mir wird ganz mulmig bei diesem Gedanken. Aber irgendwie leuchtet das alles ein. »Es gibt zurzeit nur eine Möglichkeit, und die sollten Sie einfach mal probieren, auch wenn Sie sich im Moment noch sträuben: Botulinumtoxin, kurz Botox. Wir kennen bis jetzt nichts anderes.« Das ist der Rat des Freiburger Spezialisten. Ich frage ihn noch, ob die Erkrankung vielleicht auch psychisch bedingt sein könne, ob das Augenzucken die Reaktion auf eine seelische Last sein könne? Der Professor lässt sich Zeit mit seiner Antwort: »Das kann man nie ausschließen, schließlich hängt immer eines mit dem anderen zusammen, sind Körper und Seele nicht voneinander trennbar.«

Das ist mir nicht neu. Bringt mich aber letztlich zurzeit auch nicht weiter.

Gedankenverloren mache ich mich mit meinem Rucksack und unter dem Regenschirm auf den Heimweg zur Underground. Ein Gift als Lösung? Und dann immer wieder? Alle drei Monate. Ich hatte doch gerade vor vier Wochen erst eine Reportage über »Botox-Partys« in London gedreht.

9. Kapitel

BOTOX-PARTYS

Botox-Partys in London«. Das war die Schlagzeile eines Montagmorgens im *Independent*. Party? Mit einem der gefährlichsten Nervengifte der Welt? Meine Aufmerksamkeit war geweckt.

Ich war auf dem Weg ins Büro und war glücklich, noch einen Sitzplatz im Bus ergattert zu haben. Die Fahrt dauert zwanzig Minuten. So lange braucht der Bus von meiner Haltestelle an der Lots Road die Kings Road hinauf bis Sloane Square. Da hatte ich den Artikel schon längst gelesen. Als ich in die Underground einstieg – die Zeitung jetzt fest unter den Arm gedrückt; hier war kein Platz mehr zum Lesen, man konnte froh sein, überhaupt mitzukommen –, war ich fest entschlossen, daraus eine Geschichte für eines unserer Magazine zu machen.

Botulinumtoxin ist seit dem ersten Golfkrieg 1991 als eines der gefährlichsten Gifte der Welt bekannt. 19 000 Liter soll Saddam Hussein davon besessen haben. Genug, um die ganze Menschheit auszulöschen. Aber in dem letzten, dem zweiten Golfkrieg 2003 wurde nichts gefunden, was nicht auch schon von den Waffeninspektoren gemeldet worden wäre.

Dafür entdecken jetzt Tausende von Britinnen dieses Gift. Aus ganz anderen Gründen. Rein schönheitstechnisch. Für Botox-Partys.

Um sich bei englischem Tec und Scones das Gift in kleinen Dosen in die Stirn und um die Augen spritzen zu lassen. Damit die Falten verschwinden ... Schönheit per Injektion. Ein Thema für unser Programm. Wie immer muss ich erst mal einen »Abnehmer«, also eine Sendung suchen, die uns qua Produktionsnummer grünes Licht gibt, damit wir eine solche Geschichte überhaupt filmen können.

Gleich die erste Redaktion, »Heute in Europa«, ist begeistert. Und bei uns im Studio beginnt die Recherche-Maschinerie anzulaufen. Die Producerin Ute muss erst einmal eine Frau finden, die es uns erlaubt, sie bei der Behandlung zu filmen. Und einen Arzt, der damit ebenfalls einverstanden ist. Als Drittes brauchen wir eine so genannte »location«, also einen Ort, wo alle Beteiligten nichts dagegen haben, von der Kamera gefilmt zu werden.

Was sich als das größte Problem erweist. Mit der gedachten »party« wird es nichts. Aber die 54-jährige Dolmetscherin Denise ist bereit, sich filmen zu lassen. Wir verabreden uns in einem kleinen so genannten »health center« in Wimbledon. Am späten Nachmittag, dann ist da nicht mehr so viel los.

Zusammen mit Ute und unserem Kameramann Dan starten wir in den Vorort Londons. Wie immer erkläre ich Dan auf der Fahrt, was wir gern drehen möchten. Er schüttelt verständnislos den Kopf ... diese Frauen, soll das wohl ausdrücken.

Laurence Kirwan heißt unser Arzt. Ein plastischer Chirurg aus den Vereinigten Staaten. Mit Nobelpraxis in der Londoner Harley Street. Jeden Monat fliegt er an die Themse, um britischen Frauen die Falten wegzuspritzen.

»Botox ist ein Toxin, das durch Bakterien entsteht«, erzählt er mir im Interview. »Ursprünglich entsteht es als Botulismus, einer Fisch-Erkrankung. In hohen Dosen kann es lähmen. Und viele Leute haben genau deswegen Angst vor Botox.«

Aber auf der Suche nach der unvergänglichen Schönheit verdrängen Frauen wohl alle Ängste. Zurzeit lassen sich 5 000 jeden Monat in London mit dem Gift spritzen. Bekommen zehn Injektionen pro Behandlung. Nur in Stirn und Schläfen. Für rund 1 000 Euro.

Unsere Denise wagt zum ersten Mal eine solche Spritzen-Prozedur. Sie fragt Dr. Kirwan ängstlich nach eventuellen Nebenwirkungen: »Nein, uns sind keine bekannt«, antwortet er. »Das Gift verschwindet nach vier bis fünf Monaten komplett aus dem Körper. Im Übrigen sind es solch kleine Dosen, dass es keinen Grund zur Angst gibt.«

Denise wartet noch draußen. Dr. Kirwan hat ihr erst mal eine Betäubungscreme auf Stirn und Schläfen geschmiert. Damit sie den Einstich der Nadeln nicht so spürt. Dabei erklärt sie mir, warum sie das unbedingt machen will: »Ich habe tiefe Furchen zwischen den Augenbrauen und Linien auf der Stirn. Die will ich los haben. Außerdem heirate ich in einem Monat. Eine Schönheitsoperation würde ich nie machen lassen, aber das Spritzen – das ist schließlich nichts Endgültiges.«

Dan filmt dann das ganze Prozedere, geht ganz nah hin mit der Linse, wenn die Nadel die Haut durchsticht. Mir fährt jedes Mal ein Schauer über den Rücken; schon beim Zusehen tut es mir weh. Aber Denise versichert später glaubhaft, dass sie kaum etwas gespürt habe.

Vier Tage später treffen wir uns erneut mit Denise. Dann, so sagte uns auch Dr. Kirwan, trete die Wirkung erst so richtig ein. Als Denise zum Schlussdreh in unser Studio am St. James's Park kommt, bin ich erstaunt. Ihr Gesicht macht einen viel entspannteren Eindruck. Die gespritzten Partien auf der Stirn und an der Nasenwurzel sehen glatter aus. Denise strahlt mich an: »Der Arzt sagte, es kann noch Wochen dauern, bis ich das endgültige Ergebnis sehe. Aber schon jetzt empfinde ich mein ganzes Gesicht weicher als letzte Woche.«

Am Nachmittag schneide ich den Film, und er läuft um 16 Uhr. Noch am gleichen Tag bekommen wir unzählige Zuschriften, Anrufe und E-Mails. Frauen aus ganz Deutschland wollen mehr darüber wissen und sind anscheinend wild darauf, auf diese Weise ihre Falten loszuwerden. Ich ahne zu diesem Zeitpunkt noch nichts von der Bedeutung, die Botulinumtoxin einmal für mich haben würde.

Wie sehr es mir mit meiner Dystonie helfen würde.

10. Kapitel

EINE ERSTE ENTSCHEIDUNG

Ein Wochenende keinen Dienst, keine Rufbereitschaft: ju-hu!! Was für ein Luxus! Die letzten Wochenenden hatte ich alle im Schneideraum verbracht. Weil die »heute«-Redaktion am Samstag noch einen Film haben wollte, weil das »heute journal« noch unbedingt mit einem Stück über ein aktuelles Ereignis beliefert werden musste. Aber jetzt: freie Zeit.

Mein Mann und ich, wir freuen uns riesig. Das Augenthema habe ich verdrängt, zu Hause bemerke ich sowieso nicht so viel, da scheint alles nicht so dramatisch. Nur wenn die Themse im Sonnenlicht allzu sehr gleißt, der blaue Himmel über London blendet, dann muss ich auch bei uns zu Hause eine dunkle Sonnenbrille anziehen. Das ist dann der Preis, wenn man in dieser Stadt unbedingt eine helle Wohnung gesucht hat ...

Wir könnten mal Golf spielen gehen, denken wir am Samstag. Es sind nur 20 Minuten mit dem Auto bis zum Richmond Park. Dort gibt es einen öffentlichen, für alle Spieler zugänglichen Platz, ein erträgliches Greenfee von 15 Pfund und dazu schmiegt sich alles hübsch in den großen Park im Westen

Londons. Sonnenbrille auf die Nase und eine Mütze mit großem Schild auf den Kopf – und los schlagen wir am ersten Abschlag. Wir sind zu viert, spielen mit zwei uns unbekannten jungen Briten. Das ist easy und unkompliziert. Aber ... von Loch zu Loch bemerke ich mit Schrecken, dass meine Augen mehr und mehr zu krampfen beginnen. Von Abschlag zu Abschlag muss ich jetzt länger stehen bleiben, bin dankbar für meine dunkle Sonnenbrille. Da sehen meine Mitspieler nicht so genau, was mit meinen Augen passiert. Mit einem tiefen Atemzug versuche ich den Krampf um meine Augen zu lösen. Spüre auch schon wieder meinen schmerzenden Nacken. Vor allem, weil ich trotz der krampfenden Lider natürlich dem Ball nachsehen will, wohin er fliegt, ins Rough womöglich, wo ich ihn ganz bestimmt nicht mehr finde.

Beim Putten auf dem Green, wenn der Kopf über dem Schläger und dem Ball nach unten gebeugt ist, kann ich glasklar sehen. Auch der Abschlag als solcher funktioniert. Wenn ich denn treffe. Aber dazwischen quäle ich mich furchtbar. Ob ich doch zum Spritzen gehen muss? Bleibt mir gar nichts anderes mehr übrig? Mir wird klar: So geht das wirklich nicht weiter. Das kann ich auch meinem Man nicht mehr zumuten. Eine Frau, die aus unerfindlichen Gründen vor dem Überqueren einer Straße, beim Besteigen eines Busses, auf den Treppen hinunter in die Underground oder auch auf der Golfrunde abrupt stehen bleibt. Mit fest zusammengepressten Augen. Und die dann nur langsam ihre Lider wieder öffnet. Wahrscheinlich denkt er in seinem tiefsten Inneren auch: Meine Frau hat einen Tick. Es würde mich nicht wundern ...

Später hat mir mein Mann diesen Brief gegeben, den er in dieser Zeit einem Freund nach Deutschland geschrieben hat:

Marias Blinzeln ohne jede Vorwarnung bereitet mir große Sorge. Vor allem wenn ich mir vorstelle, wie Maria sich im Londoner Verkehr, wenn auch nur als Fußgängerin, mit solchen »Blackouts« bewegt. Die Vorstellung, dass ihr plötzlich beim Überqueren einer Straße die Augen zufallen, lösen bei mir die schrecklichsten Angstbilder aus. Zu allem Überfluss setzte sich Maria vor kurzem in den Kopf, dass es doch eine gute körperliche Ausgleichsbetätigung wäre, mit dem Fahrrad die sechs Meilen an der Themse entlang ins Studio zu fahren. Alle meine besorgten Gründe gegen diese Planung wurden verworfen und los radelte Maria – mitten hinein nach London. Mir war erst wieder wohler, als ich ihre Stimme am Telefon aus dem Studio hörte.

Auf der Heimfahrt trat allerdings ein, was ich befürchtet hatte. Maria rief mich vom Handy aus an, dass sie neben der Straße stünde und nicht mehr weiterkönne. Ihre Augen machten nicht mehr mit. Gott sei Dank war es ihr noch gelungen, wohlbehalten das Trottoir zu erreichen. Hier kam nun besonders zum Tragen, was früher schon zu beobachten war: verstärktes Verkrampfen der Augenlider bei Zugluft. Ich bat sie, stehen zu bleiben, lief ihr zu Fuß entgegen, packte sie in ein Taxi und fuhr selbst das Fahrrad nach Hause. Seitdem hat sie es nie mehr angerührt. Wir hätten es auch ins Möbellager nach Wiesbaden geben können. Denn Rad fahren in London ist wirklich eine Sache für sich. Hochgefährlich und außerdem ganz gewiss nicht gesund für die Atemwege und die Lungen.

Auf alle Fälle mache ich mir große Sorgen um Maria. Gerade auch dieser gescheiterte Versuch, ein normales Leben in London zu führen, hat sie weiter bedrückt und meine Ängste nicht verringert.

So viel von der Themse; ich berichte wieder, wenn es weitere Neuigkeiten gibt.
Herzliche Grüße
dein Klaus

Am Abend dieses schönen Sommertages, an dem ich so kläglich mit meinem sportlichen Radlversuch gescheitert bin, sitze ich zugegebenermaßen ziemlich erschöpft auf dem Sofa. Klaus trocknet meine Tränen, reicht mir ein Glas Rotwein und einen Pack Papiertaschentücher. Wie immer, wenn er sehr besorgt ist, sagt er nichts. An seiner schmalen Unterlippe sehe ich, was ihm so alles durch den Kopf geht. Für mich ist nach dem zweiten Glas Rotwein klar: Ich mache jetzt einen Termin in München, in der Neurologie. Erst mal, um mich zu informieren. Dieser Gedanke scheint mir ein kleiner Rettungsanker. Denn unveränderlich bewegt mich die Frage, was dieses hochgefährliche Nervengift mit einem Menschen macht, wenn er es sich denn öfter als ein Mal spritzen lässt.

»Immer dienstags«, wird mir im Vorzimmer des zuständigen Arztes gesagt. Immer dienstags habe er seine Spritzen-Termine. Und der nächste sei in vier Wochen frei. Ich wage der temperamentvollen bayerischen Dame noch zu sagen, dass ich mich erst mal informieren möchte.

Vier Wochen später fliege ich mit der ersten Maschine um sieben Uhr von Heathrow ab. Das bedeutet aufstehen um fünf Uhr. In Deutschland ist es eine Stunde später, die Zeit fehlt einem auf dem Weg »nach Europa«, wie die Briten immer so schön sagen, wenn sie die Insel verlassen.

Das Flugzeug verspätet sich, wie so oft. Mit einem sorgenvollen Blick prüfe ich zum wiederholten Mal meine Uhr, hoffe, dass ich es trotzdem rechtzeitig schaffe. Der Weg vom

Flughafen bis zur Klinik ist weit. Um ein Uhr, so sagte man mir, würde der Doktor die Sprechstunde schließen. Aber die Verkehrsgötter sind mir gewogen, ich parke zwar dann in aller Hektik im absoluten Halteverbot, aber das ist mir jetzt egal. Die Formalitäten lasse ich auch sein, rase durch das Labyrinth der Klinik, Aufzug rauf, Gang nach links hinten, wieder einen Aufzug runter, noch einen Gang entlang – geschafft.

Die Vorzimmerdame erweist sich als freundliche Münchnerin mit viel Herz. Der Herr Doktor habe schon alle Unterlagen auf seinem Schreibtisch; ich sei noch rechtzeitig, in zehn Minuten sei ich dran.

So, da sitze ich. Wenn nur diese Klinikgänge nicht so grässlich clean und steril wären. Die Stühle elend hart. Nichts zum Blättern oder Ablenken. Neben mir wartet ein älteres Ehepaar. Sie hat sichtbar Parkinson. Ich bin froh, dass es bei mir »nur« die Augen sind. Nicht ahnend, wie nah beisammen Blepharospasmus und Parkinson im Gehirn liegen.

Die Tür geht auf, der Oberarzt bittet mich zu sich. Ich will ihm als Erstes sagen, dass ich mich nur informieren möchte. Aber da bin ich wohl an den Falschen geraten. Er habe meinen vorab gefaxten Krankheitsverlauf gelesen, das sei ganz klar eine Dystonie – ich merke auf, mein Blepharospasmus eine Form der Dystonie? – und nicht heilbar. Meist genetisch bedingt und nur die Spritzen könnten helfen. Ich solle mich doch gleich hinlegen, er sei sowieso schon spät dran. Überrumpeln nennt man das, denke ich noch.

Ich schlucke, hole tief Luft. Alle möglichen Gedanken gehen mir durch den Kopf. Zögernd stehe ich auf. Nur Mut, sage ich mir dann und lege mich auf die mit weißem Papier überzogene Liege.

Jetzt geht alles rasend schnell. Zwölf Injektionen will er mir geben. Das erfahre ich dann doch auf meine leicht zaghafte Nachfrage. Sechs pro Auge – ins Lid und rundherum. Mir ist heiß, ich habe richtig Angst. Fasse mich fest an den Händen und schließe die Augen.

Es tut gemein weh, seltsamerweise mehr im äußeren Augenbereich als direkt auf den Lidern. Mir laufen dicke Tränen herunter. Aber da muss ich durch. Muckse nicht.
Das hält genau drei Monate, erfahre ich, als ich mich aufsetze. Auf keinen Fall länger. Ich solle mir unbedingt jetzt schon einen Termin geben lassen. Weil die Praxis immer sehr ausgebucht sei – dienstags, wie gesagt.

Natürlich habe ich keine Taschentücher dabei. Ich verlasse mich da immer auf meinen lieben Mann. Aber der ist weit weg in London. Die freundliche Vorzimmerdame hilft mir aus und meint noch mitfühlend: »Gell, da kommt dann alles zusammen. Sie haben halt auch Heimweh nach Bayern, des versteh ich gut.«
Am Auto klebt ein Strafzettel, das war ja klar gewesen. Nach dem Schock mit den schmerzenden Spritzen begebe ich mich ziemlich angeschlagen wieder zum Flughafen. Inständig hoffe ich, dass sich das alles gelohnt hat, dass das Krampfen meiner Augen jetzt vorbei ist. Die Wirkung, so hat mir der Arzt noch erzählt, trete erst in drei bis vier Tagen richtig ein. Ich habe aber schon jetzt das Gefühl, dass alles um meine Augen herum irgendwie gelähmt ist. Schon der Lidschlag fällt mir schwer.

Im Flugzeug lehne ich meinen Kopf an die Fensterscheibe. Über den Wolken Bayerns wird mir klar, dass ich jetzt wenigstens Zeit gewonnen habe. Zeit zum Nachdenken, warum ich diese Erkrankung habe, was die Ursachen sind, wie man – ohne Gift und Operation – dem Ganzen zu Leibe rücken kann. Zeit auch, um mich um die andere Seite des Menschseins zu kümmern, um die Seele, um meine Seele. Es will mir nicht aus dem Kopf gehen, dass das irgendwie zusammenhängen muss.

In London empfängt mich ein glücklicher Ehemann. Er meint, dass meine Gesichtszüge jetzt schon viel entspannter seien. Kein Wunder, ich muss meine Augen einfach nicht mehr so zusammenkrampfen. Muss nicht mehr alle Muskeln im Gesicht bewegen. Wenn es nur das ist, nach den schmerzhaften Spritzen, dann hat sich der Einsatz schon dafür gelohnt.

11. Kapitel

DIE ROYALS FEIERN

Der Alltag hat mich wieder. Noch bin ich skeptisch. Beobachte kritisch mich und meine Lider. Zwar kann ich seltsamerweise nachts meine Augen nicht richtig schließen, aber jetzt warte ich erst mal ab und konzentriere mich auf die Themen, die in diesem Sommer im Studio London so anstehen: die royalen Geburtstage. Zum Beispiel »Trooping the colour«, die farbenprächtige Geburtstagsparade für die Königin. Zwei Stunden und 37 Minuten dauerte im ZDF die Liveübertragung, mit einem sensationellen Marktanteil von fast 14 Prozent. Das heißt in Zahlen, dass an diesem Samstagvormittag über drei Millionen Menschen in Deutschland dieses Schauspiel angesehen haben.

Dieses »Trooping the Colour« ist ein unglaublich aufwändig und perfekt inszeniertes Ereignis. Und wenn die 1 200 Guards der Königin in ihren prächtigen Uniformen und unter den Bärenfellmützen die Fahne präsentieren, dann läuft einem schon ein Schauer über den Rücken.

Das Ritual ist noch ein Relikt aus den Kriegszeiten, als die Fahne im Getümmel auf dem Feld der Mittelpunkt der Armee war, Anlaufstelle und Orientierung für die Soldaten.

Ich werde es nie vergessen, wie genau während dieses minutiösen Ablaufs auf dem Horseguard-Paradeplatz am Ostende des St. James's Parks ein unglaublicher Regenschauer auf die Soldaten niedergeht. In unseren Sprecherkabinen können wir die Soldaten nur mehr schemenhaft wahrnehmen. Dennoch marschieren sie eisern und diszipliniert an uns vorbei.

Uns vom Fernsehen und damit auch den Zuschauern verhilft dieser Regenguss zu eindrucksvollen und unvergesslichen Bildern: Dichte Regenfahnen wehen beim ruckartigen Kopfwenden von den Bärenfellmützen; in Kaskaden strömt das Wasser Prinz Charles und Prinzessin Anne von Mützen und Kinn. Zusammen mit dem 80-jährigen Prinz Philipp harren sie diszipliniert und stoisch über eine Stunde auf ihren Pferden im Regen aus und nehmen pflichtbewusst neben der Königin die Parade ab.

Die Königin in ihrem mint-farbenen Complet samt Hut wird zwar von einem hellen Baldachin geschützt. Aber dass die 74-jährige Königin steht, ist ebenfalls eisernes Gesetz. 60 lange Minuten. Und das zieht sich hin! Auch ihre Mutter zeigt sich zu Beginn der Parade oben am Fenster über dem Platz, trotz ihrer zwei neuen Hüften. Erst später verschwindet sie im Zimmer, um auf einem Stuhl Platz zu nehmen.

Eigentlich sollte die Verlegung der Geburtstagsfeierlichkeiten der Königin vom echten Geburtstag am 24. April in den Juni genau ein solches Regenchaos verhindern. Denn schon immer war das Wetter auf der britischen Insel nicht kalkulierbar.

Derartig »ins Wasser gefallen« ist die Geburtstagsparade für die Königin aber noch nie wie in diesem, meinem ersten Jahr in London.

Sechs Wochen danach bereiten sich die Guards und die britische Bevölkerung darauf vor, den 101. Geburtstag von Queen Mum zu feiern. Zuvor versetzt sie aber noch einmal alle in helle Aufregung und große Angst. Die beliebte alte Dame der Royals muss nach ihren zwei Hüftoperationen jetzt auch noch kurz vor ihrem Geburtstag wegen fehlender weißer Blutkörperchen in die Klinik. Die Ärzte verordnen ihr eine Bluttransfusion, und die Briten fürchten um das Leben ihrer geliebten Großmutter. Auch wir beim Fernsehen zittern. Denn schon lange liegen Pläne in der Schublade, die präzise schildern, was im Falle des Todes der Königinmutter geschehen wird. Das würde ein Mammutereignis werden. Der detaillierte Ablaufplan beginnt am Tag X, ihrem Todestag, und schildert alles bis zum Tag X plus neun – dem Tag der Beerdigung.

Aber noch ist sie lebendig. Höchst lebendig, fast stur könnte man sagen. Denn rechtzeitig einen Tag vor ihrem Geburtstag lässt sie sich gegen den Rat der Ärzte im Krankenhaus abholen und nach Clarence House bringen. Damit sie an ihrem Geburtstag die Glückwünsche der Menschen entgegennehmen kann. Zwar gestützt auf zwei Stöcke, aber dennoch so aufrecht wie möglich. Ja, stehend nimmt man als Königinmutter auch mit 101 Jahren die Happy-Birthday-Parade der Scots Guards ab. Nie werde ich die Szene vergessen, wie sie einmal kurz schwankt und mit ihrem türkisfarbenen Mantelkleid die Sitzfläche des Sessels berührt. Doch dann steht sie gleich wieder aufrecht, mit dem leicht schief gestellten Kopf und dem unnachahmlichen Lächeln auf ihrem Gesicht. Wieder ein Beweis für den unglaublichen Willen und die Stärke, die diese Frau ein Leben lang ausgezeichnet hat.

Wir berichten zwei Tage lang in allen Programmen des ZDF über diese so liebenswürdig wirkende alte Dame.

Aber nicht nur. Die Themen sind so bunt wie dieser britische Sommer: Es geht um schottische Clans, die sich einen neuen Chef wählen. Wir erzählen von Millionen Briten, die monatelang auf Operationstermine in den staatlichen Krankenhäusern warten. Einige, die es sich leisten können, kratzen lieber alle Ersparnisse zusammen, um sich in deutschen Kliniken operieren zu lassen. Oder: wie sich ein farbiger Lord fühlt, der als Konservativer Mitglied des Oberhauses ist. »Die Themen liegen auf der Straße« – meine Erkenntnis aus den ersten Reporterjahren am Tegernsee bestätigt sich auch in der Weltstadt London. Man muss nur genau hinsehen ...

Aber gerade bei genauerem Hinsehen ist nicht alles Gold, was glänzt. Eher Alufolie oder Plastik. Aus Angst vor Terrorattacken und Bomben der IRA gibt es nur ganz wenige Mülleimer. So wirft der Brite alles, was er nicht mehr braucht, auf den Boden. Einwickelpapier, Taschentücher, Bananenschalen, Teebeutel aus seinen Pappbechern. Am Anfang habe ich mich einmal gebückt, um einem jungen Mann ein Tuch zurückzugeben. »Oh, thank you«, hat er geantwortet, und es dann gleich wieder auf das Trottoir geworfen.

Zu den Häusern gehören auch keine Abfallcontainer wie bei uns, und von Mülltrennung kann erst recht keine Rede sein. Nein, jeder Bewohner dieser Sieben-Millionen-Stadt packt seinen Unrat in Plastiktüten und deponiert sie auf der Straße vor seiner Haustür. Das Ergebnis: In keiner Stadt der Welt leben so viele Füchse wie in London. Ja, Füchse. Anpassungsfähiger als Katzen und Hunde, ernährt sich Reinecke Fuchs von den Inhalten der Londoner Plastikbeutel – was ihm nicht mundet, bleibt auf den Straßen liegen. Bis die Müllmänner kommen.

Eine hübsche Geschichte für »Heute in Europa«. Wir drehen zwei Nächte mit Infrarotkameras und beobachten die possierlichen Tiere, wie sie über Mauern und Hecken springen, durch die kleinen Gärten schnurren und so die leckersten Sachen erbeuten. Es gibt auch professionelle Fuchsjäger. Gegen 200 Euro warten sie im Garten des Hausbesitzers, bis ihnen der Fuchs in die Falle geht. Als wir drehen, lassen sie den Fuchs vor den Toren Londons wieder frei. Ob das nur wegen eines Fernsehteams so geschah, weiß ich nicht. Aber die Vermutung liegt nahe, dass diese kostenintensive Entsorgung des Fuchses nur für unsere Kameras praktiziert wurde.

Meine Augenlider kommen mir in diesen Wochen zwar wie gelähmt vor. Aber: Sie blinzeln nicht mehr, kein Zwinkern, kein Krampf zwingt mich mehr, beim Gehen auf der Straße innezuhalten. Ein echter Erfolg. Was mich bedrückt, ist die Aussicht auf den nächsten Spritzentermin. Genau in drei Monaten ist er, wie man es mir geraten hat. Manchmal habe ich nachts richtig Angst davor. Spüre immer wieder, wie gemein weh mir die Spritzen getan haben.

Die Termine beim Osteopathen habe ich inzwischen abgesagt. Nicht nur, dass die 45 Minuten 45 Pfund (rund 70 Euro) gekostet haben – nicht erstattet von der Krankenkasse. Nein, mir hat der Spezialist für die Halswirbelsäule auch nicht wirklich etwas gebracht. Sicher, manchmal eine leichte Verbesserung nach der Behandlung. Aber meist schon wenige Stunden später hatte ich es wieder, dieses verkrampfte Blinzeln.

Jetzt, nach den Spritzen, habe ich auch Zeit gewonnen. Zum Beispiel für weitere Recherchen. Um zu ergründen, was die Psychologie zu diesem Augenblinzeln sagt. Erste Adresse, wie immer bei solchen Fragen: meine Freundin Tine. Ursprünglich war sie Lehrerin, Mutter von drei Kindern. Als die halbwegs aus dem Haus waren, hat sie an der Universität mit dem Studium der Psychologie begonnen. Inzwischen promoviert, leitet sie die Kinderambulanz als Schulpsychologin in einem bayerischen Landratsamt.

Sie freut sich, dass ich mich aus London bei ihr melde. Seit 35 Jahren kennen wir uns, sind eng befreundet. Haben so manches Problem miteinander besprochen, geteilt. Aufmerksam hört sie mir jetzt am Telefon zu. Ich versuche, mich kurz zu fassen. Aber inzwischen sind zwei Jahre vergangen, seit ich das erste Mal am Straßenrand stehen bleiben musste, weil ich mit dem Auto nicht mehr weiterfahren konnte. Tines erste Reaktion: »Wenn Kinder mit so was zu mir in die Praxis kommen – und es gibt viele, du wirst es nicht glauben –, dann nenne ich das einen Tick. Da hilft nur Verhaltenstherapie.« Ich kann es gar nicht richtig fassen: »Das hilft? Das heilt? Dann ist es vorbei?«, will ich wissen. Tine antwortet mit einem klaren »Ja«.

Irgendwie leuchtet mir das alles ein. Wenn Kinder ihr Augenblinzeln durch eine mehrwöchige Therapie loswerden, warum kann man dann nicht auch Erwachsenen helfen? Ich schöpfe Hoffnung. Auch, um nicht mehr zum Spritzen gehen zu müssen. Tine und ich, wir reden noch lange. Sie rät mir die Kontaktaufnahme mit einem erfahrenen Kollegen, dem Diplompsychologen Curd Michael Hockel. Ich kenne ihn als Fachmann aus einer »ML – Mona Lisa«-Sendung. Damals ging es um die ausreichende Bereitstellung von Schulpsychologen an den bayerischen Schulen. Ich erinnere mich noch an eine harte, aber faire Diskussion mit der damaligen Sozialministerin Barbara Stamm.

Meinem Mann wage ich noch nicht, von diesem Silberstreif an meinem »Blepharospasmus-Horizont« zu erzählen. Ich will erst mehr wissen. Melde mich am Telefon bei Curd Michael Hockel. Wir beschließen, den modernen Weg der Internetkommunikation zu wählen. Zuerst maile ich ihm mein ja schon mehrfach hilfreiches Papier über meinen Krankheitsweg.

Hier seine Antwort:

Vielen Dank für das Vertrauen, das Sie in mich setzen. Die Internetrecherche zu den in Ihrer E-Mail gemachten Angaben führte mich zu zwei sehr unterschiedlichen Sichtweisen des Problems:

Einmal wird durch die genannten Präparate deutlich, dass das Blinzeln von Augenärzten als körperliche Selbsthilfe gegen Sicca, die Austrocknung des Augenfilms, gesehen wird. Dies kann dann durch Präparate gelindert beziehungsweise gestoppt werden.

Andererseits deutet Ihre Beschreibung sowohl am Telefon als auch in Ihrem Text: »So stark blinzeln die Augen, wie durch einen Krampf ...« auf eine psychologisch zu betrachtende Störung, ein unwillkürliches Verhalten, eine Tic-Störung hin. Dass diese durch Amputation der Innervation gestoppt werden könnte, hat mich am meisten alarmiert und bewegt.

»Es begann mit Blinzeln im Auto …« Damit beginnt Ihr Krankheitsweg. Vielleicht wäre es wichtig, von vornherein anders über sich selbst zu denken? Mein alternativer Einstieg in die selbstreflexive Betrachtung Ihres Leidenswegs wäre:

In den letzten Monaten wehrt sich mein bester Freund zunehmend dagegen, dass ich ihm weiter ständig steigende Angst und Abwesenheit zumute …

Dabei gehe ich davon aus:
   Ihr bester Freund ist Ihr eigener Leib. Wenn er in einem seiner Funktionszusammenhänge einen übererregten Körperstreik beginnt, dann hat das einen Sinn.

Ihr Freund hat diesen Weg gewählt, da er auf diese Weise sicher sein kann, dass Sie auf ihn achten werden, da er Ihnen droht: »Wenn du jetzt nicht bald auf mich hörst, beginne ich auch zu streiken, wenn du liest, arbeitest, am Computer, im Schneideraum.«

Ihr Freund wählt eine Symptomatik, die Angst auszudrücken vermag und durch diese auch gesteigert werden kann. Wobei ich hier provozierend deutlich von Angst statt von Stress spreche. Da ich hinter der Beschreibung »Inzwischen 2 Stunden 40 Minuten Livesendung, nichts, Gott sei Dank« ein gehöriges Angstpotenzial wahrzunehmen glaube.

Kurz gesagt: Psychosomatik wäre eine Sicht auf das Problem, die eine produktive Problemlösung nahe legt. Wie Sie jedoch vielleicht von unserer Freundin Tine wissen, verstehe ich unter Psychosomatik nicht automatisch den Weg der Psychoanalyse/Tiefenpsychologie. Ihr »Krankheitsweg« klingt so, als sei Ihnen der Weg durch eine »Behandlung des Körpers«, also der Weg als »Patientin«, doch sehr viel vertrauter als der Weg der Psychologie. Ich empfehle Ihnen jedoch eine psychotherapeutische Zugangsweise bei einem guten kognitiven Verhaltenstherapeuten. Die Anspannung und die Art von Lebensgestaltung, die in Ihrem Kurzbericht aufscheint, legt es nahe, dass Sie zuallererst jemanden finden müssen, dem Sie sich anvertrauen — und nicht nur »Ihr Blinzeln« oder »meinen Tick« —, falls Sie sich meiner natürlich völlig verletzlich/vorläufigen und eigentlich unstatthaften, weil »Fern-und-blind«-Diagnose anschließen wollen. Stressbewältigung als Kompetenz ist bei Ihnen schon professionell weit ausgebildet, und dennoch meint Ihr Leib, Ihnen sagen zu müssen, dass es da noch etwas zu ändern gilt.

Falls Sie weitere Literatur wünschen oder meinen, dass vielleicht solch ein E-Mail-Dialog auch ein hilfreicher Zwischenschritt sein kann — ich stehe gern zur Verfügung und wünsche Ihnen von Herzen eine konstruktive Entwicklung.

Dipl.-Psych. Curd Michael Hockel

12. Kapitel

WAS PSYCHOTHERAPIE MIT TAXI-FAHRERSCHULUNG ZU TUN HAT

Beruhigt durch die Spritzen und mit im wahrsten Sinne »ruhig gestellten« Augenlidern verspüre ich auch die innere Ruhe, um mich mit der von Curd Michael Hockel angesprochenen psychosomatischen Seite des Blepharospasmus zu beschäftigen. Seine E-Mails lese ich mit wachsender Freude und eigener Erkenntnis. Dieser »zweite Weg« scheint mir immer logischer. Ich sehe meine zurzeit ja ganz braven und nicht mehr blinzelnden Augen jetzt aus einer anderen Perspektive. Dennoch ist mir klar: Um diesen Weg wirklich einschlagen zu können, müsste ich sehr viel mehr Zeit übrig haben, als ich sie in meiner derzeitigen Situation im Studio London aufbringen kann.

Auch die Idee, aus dem Moloch London hinaus aufs Land zu ziehen, muss ich begraben. Sicher, ein Häuschen auf dem englischen Land mit Garten und »Conservatory«, einem schmucken Glashaus, käme wesentlich günstiger als unsere Londoner Wohnung. Alles, was wir uns in den Black Downs, eine Autostunde südlich von London angesehen haben, kostet im Monat genauso viel, wie wir in einer Woche in London zahlen. Aber: Die ersten Test-Fahrten mit dem Zug in die Stadt rauben mir allen Schwung. Denn wenn auch laut Fahrplan jede Stunde ein Zug geht und die Fahrzeit nach Waterloo Station nur 52 Minuten beträgt – die Wirklichkeit sieht ganz anders aus. Seit Margaret Thatcher die Bahn privatisiert hat, geht nichts mehr – und schon gar nichts mehr pünktlich. Weil die Besitzer überwiegend das Geld aus dem Unternehmen herausziehen und kaum etwas in Sicherheit und Streckenerneuerung hineingesteckt haben. Ein bitteres Kapitel britischer Geschichte. Kein Wunder, dass die Schotten jetzt die Deutsche Bahn AG um Hilfe gebeten haben und das gesamte schottische Streckennetz samt den Waggons am liebsten in deren Hände legen würden.

Also: Landleben ade. Drei bis vier Stunden täglich »commuten«, also pendeln – nein, das muss wirklich nicht sein.

Inzwischen beschäftigt sich Curd Michael Hockel weiter mit meinem »Fall« und mailt mir:

```
Zunächst geht es um die Beziehung zum eigenen
Leib. Beim so genannten »Taxi-Modell« versu-
chen wir die Beziehung zwischen Seele und Kör-
per folgendermaßen zu denken: Der Körper ist
das Taxi, das Bewusstsein der Fahrer und der
Fahrgast die Freude am Leben. Psychotherapie
könnte dann sein:
  Autoreparatur (Aspekte des körperlichen Wohl-
befindens, Ernährung und Sport etc.);
  Taxifahrerschulung (rational-emotive Thera-
pie, Aufdecken unbewusster Motive, Tiefenpsy-
chologie usw.)
  oder aber Kundenberatung (wenn wir verstör-
te Fahrgäste wären, die »den falschen Freu-
```

den« nachjagen, obwohl Taxi und Fahrer voll funktionstüchtig sind).

Dieses Bild liefert einige Ansatzpunkte, mit denen man arbeiten könnte. Psychosomatik ist ja zunächst vor allem Sinn— und Sinnesthema. »Die Kunst der Wahrnehmung« von Stevens (1975) ist daher ein »sinnvolles« Basisbuch in diesem Bereich.

Je länger ich jedoch meine Arbeit tue, desto mehr verstehe ich mich wie ein Restaurator. Als ich einst einen solchen in Therapie hatte, wurde mir deutlich, was in diesem Beruf wichtig ist. Es geht um die Achtung vor dem jeweiligen, einmaligen Werk und dem Respekt vor dem, was der Künstler mit dem Material seiner Wahl gestaltete. Nichts anderes als das, was schon da ist, »heil« werden lassen, sichtbar machen.

Ich möchte Sie zu einer kleinen Erfahrung einladen:

Bitte falten Sie die Hände (wenn wir beisammen wären, würde ich es vormachen) und winken Sie sich mit dem oben liegenden Daumen zu. Machen Sie sich bewusst, zu welcher Hand dieser Daumen gehört. Nehmen Sie nun die Hände auseinander und lassen Sie sich etwas Zeit (drei Sekunden), um sie dann anders zu verschränken, so, dass nun der andere Daumen und die anderen Finger »oben« liegen.

Macht man diese Übung mit Kindern, nehmen sie keinen Unterschied wahr. Bei uns Erwachsenen ist es jedoch meist so, dass die erste Art, die Hände zu falten, »richtig« erlebt wird und die zweite Art »falsch, ungewöhnlich, unrichtig«. Wir leben in unseren Gewohnheiten, auch denen der »Körpernutzung« — Feldenkrais ist jener Spezialist, der die Konsequenzen dieser Einsicht am differenziertesten ausgearbeitet hat.

Und damit sind wir bei dem zweiten Gesichtspunkt meiner »Psychosomatik«: der Selbstbeobachtung. Wie ist das mit Ihrem Zwinkern? Gibt es eine »Vorlaufspannung« (situativ? Auslöser?), gibt es begleitende Gedanken? Wirkt Angst rückgekoppelt verstärkend? Was geschieht, wenn Sie beim ersten Zwinkern sich bewusst vornehmen, es gleich nochmal und ganz feste und vielleicht zwei bis drei Mal mit aller Entschlossenheit bewusst zu machen?

Sie beschrieben es bisher, als sei es eine Art »Überfall«, ein bewusstseinsferner Körperkrampf. Zugleich ist jedoch die Steuerung des Lids eine motorische Fertigkeit. Wie schließen Sie »normalerweise« das Auge, wie »blinzeln« Sie gewöhnlich? Was machen Ihre Augen wenn sie die Netzhaut befeuchten, was machen Sie als Person, wenn Sie Ihrem Mann »zublinzeln« ...?

Die Selbsterforschung würde uns im Gespräch einige Zeit beschäftigen, ehe wir zu weiteren Überlegungen fortschreiten könnten. Und so möchte ich heute abschließen.

Die Fragen zur Selbsterforschung könnten Sie vielleicht wirklich zu beantworten versuchen; darauf würde ich dann wieder Bezug nehmen.

Ich wünsche Ihnen weiter von Herzen gute Erfolge bei den nötigen Veränderungen,

Ihr
Dipl.-Psych. Curd Michael Hockel

Ich lese diese Mail im Büro. Nehme mir vor, am Abend in Ruhe alles noch einmal zu rekapitulieren und vor allem aufzunehmen. Seine Worte erreichen mich jetzt nicht. Zu sehr sind meine Gedanken beim nächsten Film für die »heute«-Ausgabe um 17 Uhr und dann für die um 19 Uhr. Auch das »heute journal« möchte ein längeres Stück – ganze drei Minuten, da ist man schon froh als Autor – über ein britisches Ehepaar, das in den Vereinigten Staaten Zwillinge adoptiert hat. Kinder, die nun zum Spielball werden – zwischen ihrer leiblichen Mutter, einer dubiosen Adoptionsfirma in Los Angeles und dem sicher ein wenig skurrilen Ehepaar in Großbritannien. Die Gesetzeslage scheint unklar, die britischen Behörden wollen den Adoptiveltern die Kinder wieder wegnehmen. Die wiederum ziehen inzwischen durch alle Talkshows und berichten zum Teil unter Tränen von ihrer Liebe zu den Kleinen. Gegen ordentlich Kohle, wie die Gazetten dann am nächsten Tag hämisch berichten. Ein schlimmer Kreislauf. Für Gefühle eines Korrespondenten bleibt da keine Zeit. Die Stücke müssen pünktlich zur Sendezeit geschnitten, getextet und gesprochen sein, die Überspielzeit ist zehn Minuten – dann geht nichts mehr. Und der Ärger wäre groß in der Redaktion, wenn wir nicht pünktlich liefern. Weil sie dann ein Loch im Programm haben. Also konzentrieren sich Korrespondenten in aller Welt darauf, ihre Filme pünktlich fertig zu stellen – alles andere hat dabei nichts zu suchen.

Schon gar nicht solche Ideen eines Psychologen zur eigenen Person. Heute Abend um zehn bin ich sicher zu Hause, dann bin ich auch bereit für diese Informationen. Eines nach dem anderen oder: Schotten dicht leben, das ist schon längst meine Devise. Schotten dicht, weil in einem U-Boot mit einem Leck auch erst mal ein Tor nach dem anderen geschlossen werden muss, damit das Boot eine Chance hat, wieder aufzutauchen.

13. Kapitel

STATT PSYCHOTHERAPIE – KRIEG IN AFGHANISTAN

Das mit den winkenden Daumen habe ich öfters probiert und festgestellt, dass Curd Michael Hockel völlig Recht hat. Ich erlebe tatsächlich die zweite Art, die Hände zu falten als »falsch, unrichtig«. Nur – mit der Selbstbeobachtung komme ich nicht weiter. Begleitende Gedanken? Eine Art »Vorlaufspannung«? Nein, da fällt mir nichts ein. Das ist jedes Mal ganz anders, neu, meistens sind meine Gedanken ganz woanders, wenn es mich zum Beispiel auf der Straße überfällt. Und Angst – das glaube ich völlig verneinen zu können. Mein Unterbewusstes sagt mir allerdings, dass ich mich da auch ganz schön belüge ...

In diesem Herbst in London aber denke ich nicht mehr so viel an meine blinkenden Augenlider. Der nächste Spritzen-Termin in München ist für November angesetzt. Bis dahin herrscht an dieser Front erst einmal Ruhe – ganz im Gegensatz zur Weltlage.

Denn nach dem erschütternden 11. September in New York entwickelt sich London zum zweiten politischen Brennpunkt neben New York. Premierminister Tony Blair steht – wie die ganze Welt – auf der Seite der Amerikaner im »war against terror«. An erster Stelle steht die Suche nach dem Täter, nach Osama Bin Laden, der aus Afghanistan Videointerviews verschickt, die dann in dem saudi-arabischen Fernsehsender Al Jazeera laufen. Afghanistan – dort lebt der Feind, und die Taliban weigern sich standhaft, Bin Laden und seine Al-Quaida-Kämpfer auszuweisen. Gastrecht sei Gastrecht, verkünden die Taliban-Führer immer wieder in Kabul.

Nicht mal einen Monat später fallen die ersten Bomben auf Afghanistan. Es ist Sonntagabend, ich habe gerade pitschnasse, frisch gewaschene Haare. Ich kann mich eigentlich zurücklehnen, denn für normale Ereignisse stehe ich nicht im Wochenend-Bereitschaftsplan. Aber als ich mich schon im Schlafanzug mit dem Föhn in der Hand auf das Sofa setze, sehe ich alles andere als ein »normales Ereignis«: Die Amerikaner bombardieren Kabul. Live, auf CNN. Noch sind es nur dunkle Bilder, auf denen grelle Blitze explodieren. Aber mir ist klar: Das Studio muss sofort »live-fähig« sein. Also alle an Bord, bereit zu kommentieren, Filme zu schneiden, zu überspielen. Ein Kriegsausbruch, in den die Amerikaner oder Europäer involviert sind, ist immer der »worst case«. In den Mainzer Redaktionen von »heute« und »heute journal« laufen die Telefondrähte heiß. Ich steige schnell in ein paar Jeans; im Studio habe ich für solche Fälle immer ein fernsehtaugliches Jackett.

Mein Mann fährt mich in unser Büro; London ist an diesem Sonntagabend wie ausgestorben. Wir brauchen zehn Minuten, sonst bin ich bis zu einer Stunde unterwegs. Auf der Fahrt rufe ich unsere Mannschaft an: Helen, die Büromanagerin, Kilian, den Cutter, die Producer. Alle sind schon längst auf dem Weg. Ich versuche im Auto nur noch die inzwischen getrockneten Haare in Fasson zu curlen – moderne Gaspatronen machen's möglich. In 45 Minuten sind wir im Studio »live-fähig«. Rekordzeit. Dass das Leitungsnetz dann zusammenbricht, ist Pech. Aber in diesen Stunden wollen alle Fernsehsender in der ganzen Welt Bilder und Berichte haben – kein Wunder, wenn die technischen Kapazitäten dann nicht ausreichen. Dafür sind sie auch nicht ausgelegt.

Bei uns geht es bis nach Mitternacht. Nach den ZDF-Programmen beliefern wir noch Phoenix, den ARD- und ZDF-Ereigniskanal mit Kommentaren und Bildern, und am nächsten Morgen geht es weiter mit Morgenmagazin und Mittagsmagazin. Abends die Specials: »Krieg in Afghanistan«. Wir liefern Berichte über die britischen Truppen, zur Frage, warum Tony Blair nicht das Parlament um Erlaubnis fragen muss und einfach 2 000 Soldaten nach Kabul schicken darf, welche Rolle die Special Forces, die SAS-Männer, bereits seit langem dort spielen. Wie immer bekommen wir über BBC und ITN sehr schnell aktuelles Bildmaterial. Wir richten uns auf einen langen Krieg ein, auf ein intensives Bombardement Kabuls und der anderen Städte Afghanistans, das viele Opfer fordern wird. Und immer neue Geschichten zu der Attacke am 11. September kommen ans Tageslicht. Oft wird nicht mehr differenziert zwischen Muslimen und Al Quaida. Viele Muslime stehen auf einmal unter Generalverdacht, obwohl sie die Ziele und Taten Osama Bin Ladens ablehnen.

Es gibt aber auch den Fall der extremen Mullahs einiger Londoner Moscheen, die vor laufender Kamera stolz gestehen, dass mindestens 600 britische Muslime aufseiten der Taliban in Afghanistan kämpfen. Einige im engeren Kreis um

Osama Bin Laden. Viele der sieben Millionen Menschen in London bekommen Angst. Angst vor einer weiteren Attacke, diesmal auf ihre Stadt. Das Gasmaskengeschäft läuft blendend. Nach vier Tagen sind sie ausverkauft ...

Wie sehr das Leben rast, wird einem Journalisten gerade in solchen intensiven Berichtszeiten bewusst. Da kommt es mir wie eine Begegnung aus einer anderen Zeit vor, als sich ein »Wein-Professor« aus dem Rheingau mit seiner Frau bei mir im Studio ansagt. Wir sollen uns absprechen wegen einer Weinauktion im Dom von Worms. Die Erlöse will das ZDF zum Wiederaufbau stiften, und ich soll mit besagtem Professor Leo Gros das Ganze moderieren. Der Wiederaufbau der drei großen Dome am Rhein ist unserem Intendanten eine Herzensangelegenheit.

So sitzen wir also nach dem letzten Bericht des Tages für das »heute journal« um die Ecke bei einem Londoner »Italiener«, kommen nach den Sachthemen vom Hölzchen aufs Stöckchen. Und ich erzähle von meinen Augenproblemen. Weil ich spüre, dass es wieder beginnt, das gefürchtete Blinken und Blinzeln. Außerdem: Nur durch Reden erfährt man ja etwas Neues. Und mich einfach alle drei Monate dem Botulinumtoxin ausliefern, das will ich wirklich nicht.

Und tatsächlich: Prof. Leo Gros hat einen weiteren Strohhalm für mich parat. Ein guter Bekannter von ihm ist Neurologe an der Deutschen Klinik für Diagnostik in Wiesbaden. Der wird mich mal anrufen. Das ist versprochen. Wir verabschieden uns. Am nächsten Tag habe ich das Angebot einer Kontaktaufnahme mit dem Wiesbadener Neurologen schon fast wieder vergessen.

Doch drei Tage später taucht auf meinen Display im Büro ein unbekannter Name auf: »Sie erreichen mich unter … Gruß, Jost, Deutsche Klinik für Diagnostik, Wiesbaden.« Ich weiß, dass das die deutsche Mayo-Klinik ist, wo nach dem Vorbild der amerikanischen Mayo-Kliniken Patienten von Kopf bis Fuß untersucht und behandelt werden können. Alle Fachrichtungen sind unter einem Dach vertreten. Und meistens arbeiten dort die Besten der Besten.

Ich antworte sofort:
»Anscheinend habe ich Blepharospasmus. Was tun Sie dagegen? Welche Heilchancen gibt es? Herzlichen Dank im Voraus.«
Internet ist wirklich eine revolutionäre Erfindung. Wir mailen hin und her. Professor Jost ist ebenfalls der Auffassung, dass bei Blepharospasmus nur Botulinumtoxin hilft. Ich gestehe ihm in einer weiteren Mail, dass mir die Spritzen furchtbar wehgetan haben und dass ich jetzt Angst davor hätte. Er antwortet mir, dass er das gar nicht verstehe; keiner seiner Patienten habe sich je beklagt, er würde ganz dünne Nadeln benutzen. Man könne auch alternativ eine Stunde vor der Injektion eine schmerzlindernde Salbe auftragen. Aber das sei bei ihm in der Klinik noch nie notwendig gewesen.

Das klingt wirklich alles vernünftig. Zumindest was die Art des Spritzens betrifft. Dass aber auch dieser Neurologe Botulinumtoxin als das Mittel seiner Wahl empfiehlt, erschreckt mich.

Da es schon November ist, beobachte ich meine Augenlider sehr kritisch. Denn die angekündigte Wirkzeit von drei Monaten geht jetzt zu Ende. Eigentlich habe ich ja auch bereits wieder einen neuen Spritzen-Termin in München. Den sage ich jedoch ab. Erleichtert. Und maile nach Wiesbaden mögliche Besuchsdaten. Wir einigen uns auf den 14. Dezember.

Aber – daraus wird nichts. Mich wirft eine meiner von mir so gefürchteten Kopfschmerz- und Übelkeitsattacken ins Bett. Wie immer versuche ich mit Vomex-Zäpfchen und Paspertin-Tropfen so schnell wie möglich wieder auf die Beine zu kommen. So im Halbschlaf denke ich noch: Wahrscheinlich soll ich heute sowieso nicht zum zweiten Spritzentermin fliegen …

Noch sind die Augen nicht so schlecht. Das unangenehme Schweregefühl beim Schließen der Lider ist auch vorbei. Sicher, wenn mein Mann und ich spazieren gehen, fangen sie wieder an zu blinzeln, die Lider. Aber alles in allem hat sich der Zustand deutlich verbessert. Ich bin erst mal richtig dankbar und verschiebe alle weiteren Aktionen, Recherchen, Telefonate und Gespräche auf das nächste Jahr.

Schneller als von allen erwartet, beendeten die Amerikaner und Briten das Bombardement auf Afghanistan. Kabul ist befreit, die Taliban scheinen vertrieben. Frohe Weihnachten. Und alles Weitere: 2002.

14. Kapitel

YOGA, SHIATSU UND BOTOX

Zweiunddreißig so genannte »freie Tage« haben sich bei mir schon im ersten Jahr in London angesammelt – Samstage und Sonntage, an denen wir im Studio gearbeitet hatten. Jetzt, im zweiten Londoner Jahr, steht das Thronjubiläum der Königin an. Mit stundenlangen Liveübertragungen und drei Dokumentationen. Das heißt für mich: unglaublich viel wissen. Nach alter Hörfunk-Regel: mindestens dreimal so viel, wie man Redezeit, Sendezeit hat. Also nehme ich diese freien Tage im Paket und fliege mit einem großen Koffer voller Bücher und Archivtexten auf unsere kleine Insel zum Arbeiten. Das Haus Windsor rauf und runter in Fachbüchern, Biografien und Artikeln. Fleisch für eine 60-minütige Dokumentation für ARTE über die Königin als politische Person. Also mal nicht Familienklatsch und aus dem Ruder laufende Schwiegertöchter, sondern ihre Funktion als konstitutionelle Monarchin, als Oberhaupt der anglikanischen Kirche, des Militärs und als Oberhaupt und Königin von 54 Commonwealth-Staaten.

Wie erfährt man das alles, findet die Geschichten am Rande, die dann das ganze Bild ergeben? Da hilft nur eines: gründlich lesen, lesen, lesen. Mein Mann wird mit eingespannt, auch er darf eine Biografie nach der anderen lesen. Am Abend tauschen wir uns dann aus, ergänzen die einzelnen Informationen und ich notiere mir alles auf handlichen Karteikarten.

Meine Augenlider scheinen diese Arbeit zu mögen. Obwohl ich ja laut Aussage des Münchner Neurologen schon zwei Monate überfällig bin, längst zum Nachspritzen hätte antanzen sollen. Zusätzlich zum Lesepensum habe ich mir für die schier unglaublich lange freie Zeit vorgenommen, auf der Insel nach einem Akupunkteur oder einem Yogalehrer zu suchen. Kann natürlich auch eine Frau sein. Denn unverändert schwirrt mir der Gedanke im Kopf herum, dass mein Blepharospasmus auch über Entspannungstechniken und alternative Heilmethoden in den Griff zu bekommen sein könnte.

Meine erste Anlaufstelle dafür ist Pepita. Sie ist zwar »nur« eine Bankangestellte. Aber sie spricht unglaublich viele Sprachen, kennt alle wichtigen Leute auf der Insel, ist kommunikativ, hilfsbereit und abends, nach Dienstschluss, zuvorkommende Gastgeberin und Besitzerin eines Restaurants. Pepita also empfiehlt mir den »mystischen Platz«, wie sie das Yogazentrum nennt. Es liege in einer kleinen Bucht, nicht weit von unserem Häuschen entfernt. Alle, die dort waren, seien begeistert gewesen.

Das hört sich gut an. Ich beschließe, den »mystischen Platz« sofort aufzusuchen. Auf engen Straßen kurve ich die Küste entlang durch silberne Olivenhaine. Nach zwanzig Minuten Fahrt, die letzten Kilometer auf einem staubigen und holprigen Feldweg, bin ich am Ziel. Ein verblichenes Schild weist mir die Einfahrt – dann stehe ich vor Indu. Klein ist sie, gemütlich rund, lange Haare reichen bis zur Hüfte. Sie nimmt mich herzlich in die Arme, ihre wunderbare, heitere Ausstrahlung umhüllt mich wie ein Mantel. Indu kommt aus Berlin, hat sechs Jahre mit ihrem Mann Tschandra in einem Aschram in Indien gelebt. Wie selbstverständlich begrüßt sie mich in ihrer kleinen Welt. Es ist der Beginn einer wunderbaren Beziehung. Noch nie habe ich Yoga in einer Gruppe von acht anderen Frauen so friedlich, verinnerlichend und beglückend erlebt.

Als die anderen schon weg sind, erzähle ich Indu, warum ich ihr Zentrum aufgesucht habe, berichte von meinem Augenproblem, dass die Neurologen sagen, es sei eine Dystonie, und dass ich im Augenblick mit Botulinumtoxin gespritzt werde. Aufmerksam hört sie mir zu und schlägt mir dann vor, es doch mal mit Shiatsu zu probieren. Shiatsu – die japanische Methode der Akupressur, bei der der Therapeut mit sanftem und manchmal kräftigerem Druck den Meridianen des Patienten im Körper folgt, so die Blockaden aufspürt und versucht, sie zu lösen. So ganz vage erinnere ich mich, dass mir schon einmal in meinem Leben, nach einer missglückten Sprunggelenkoperation Shiatsu wieder zum Laufen verholfen hat.

Shiatsu also jetzt alle drei Tage bei Indu – ich fühle mich schon nach dem ersten Mal deutlich besser. Kräftiger. Manchmal schlafe ich tief und fest ein, bei der 60-minütigen Behandlung. Und wache wie neugeboren wieder auf. Fünf Monate sind seit den ersten Münchener Botulinumtoxinspritzen vergangen. Aber meine Augen geben noch Ruhe. Jeden Morgen schaue ich kritisch in den Spiegel, überwache mich unbewusst den ganzen Tag. Aber Shiatsu scheint mir tatsächlich neue Energie und Kraft zu geben.

Was genau ist aber Shiatsu? Das Wort kommt aus dem Japanischen und heißt dort »Fingerdruck«. Es ist ein neuer Name für die älteste Form der Medizin: das Heilen mit Händen. Jeder hat die heilende Kraft beim Berühren, und jeder reagiert auf Berührungen. Shiatsu nutzt den Druck der Hand und manipulative Techniken, um die Struktur des Körpers und seine natürlichen inneren Energien neu einzustellen – oder zu korrigieren. Es hilft damit, Krankheiten zu verhindern und die Gesundheit zu erhalten.

Das Entscheidende an Shiatsu ist seine Einfachheit. Es entwickelte sich aus früheren Massageformen, die in Japan ANMA genannt wurden und bei denen Reiben, Streicheln, Pressen, leichte Schläge, Drücken und Ziehen genutzt werden, um die Muskeln und den Kreislauf zu beeinflussen. Im Gegensatz dazu werden bei Shiatsu wesentlich weniger technische Praktiken eingesetzt. So hat der Betrachter oft das Gefühl, dass wenig passiert. Was aber keineswegs stimmt. Der Behandler oder die Behandlerin arbeiten lediglich mit einem ruhigen, entspannten Druck an verschiedenen Punkten des Körpers. Sie nutzen ihre Hand oder den Daumen, setzen auch Ellenbogen oder Drehungen eines Gliedes ein. Hinter den so simplen und unkompliziert aussehenden Bewegungen des Therapeuten aber geschieht sehr viel mehr. Auf sanfte Weise geraten im Inneren des Körpers die Energieströme ins Fließen.

Wer dies einmal selbst an sich erlebt hat, wird nicht nur von Shiatsu überzeugt sein, sondern fast süchtig danach werden, diese Gefühle und Entwicklungen im Körper regelmäßig zu erleben. Um hinterher stets »wie neugeboren« in den Alltag zurückzukehren.

Indu hat mir dringend geraten, auch in London weiter Shiatsu zu machen. Aber kaum im Büro, ist der berufliche Alltag mal wieder viel wichtiger, das Private vergessen. Als Erstes muss das von mir im Urlaub in vier Wochen erarbeitete Konzept für die ARTE-Dokumentation umgesetzt werden. Auf zehn Manuskriptseiten habe ich in Deutsch und Englisch für die Producerin Katrina und den Kameramann Dan formuliert, wie der Film laufen sollte, welche Szenen ein guter Einstieg wären, welche Gesprächspartner zu welchen Themen Auskunft geben könnten. Wann in welchem Jahr und wo welches Ereignis stattgefunden hat, damit wir in unserem Keller im Archiv danach suchen können. Denn seit zwanzig Jahren sammeln hier die Kollegen das ganze selbst gedrehte Material über die »Royals«, wie bei uns im Studio die königliche Familie kurz heißt. Ein unglaublicher Fundus, ein echter Schatz. Was wir dort nicht finden, was weit zurückliegt, kaufen wir bei Pathé, für 700 Euro die Minute. Fernsehen ist leider ein teures Geschäft.

Der nächste Schritt: Interviewpartner auftreiben, ihre Telefonnummern und Adressen herausfinden. Die meisten stehen natürlich nicht im Telefonbuch, sondern sind nur über private Kontakte erreichbar. Aber Katrina beherrscht das Geschäft. Kaum einen, den sie nicht in zwei, drei Tagen gefunden hat. Dann müssen die einzelnen Personen angeschrieben werden, mit Einfach-mal-Anrufen ist das nicht getan. Hier ist viel Überredungskunst gefragt. Es geht – auch – ums Geld. Manchmal um viel Geld. Was wir als öffentlich-rechtlicher Sender nicht bereit sind zu bezahlen.

Tagelang sichtet Katrina im winzigen Sprecherraum an einem kleinen Monitor die Bildsequenzen aus den Archiven. Ich bin damit beschäftigt, rund hundert Seiten Informationen über Königin Elizabeth II., ihr Leben, ihr Wirken, ihre Familie bis hin zu den Hunden und Pferden noch einmal durchzugehen und zu memorieren. Denn im Juni werden wir tagelang live vom Golden Jubilee, ihrem 50-jährigen Thronjubiläum, berichten. Da müssen die Informationen abrufbar vorliegen. Im Londoner Studioalltag komme ich dann nicht mehr zu diesen intensiven Vorbereitungen.

Noch ahne ich nicht, dass vor diesem Jubilee noch ganz andere, wesentlich dramatischere Ereignisse auf mich und die Kolleginnen und Kollegen im Studio einstürmen sollten.

Trotz all dieser Vorbereitungen vergesse ich meine privaten Sorgen nicht ganz. Ich nehme wieder Kontakt mit dem Wiesbadener Neurologen Professor Jost auf. Denn jetzt will ich mich auf alle Fälle erneut spritzen lassen. Auch wenn meine Augenlider immer noch in gutem Zustand scheinen, will ich kein Risiko eingehen. Denn wenn erst mal etwas Überraschendes passiert, bleibt mir womöglich keine Zeit mehr, um zu ihm zu fliegen.

Eine Woche später: Pünktlich um acht Uhr bin ich in Wiesbaden in der Deutschen Klinik für Diagnostik. Mit einem leichten Magenziehen, weil ich mich noch heftig an die schmerzenden Einstiche beim ersten Mal erinnere. Ob das stimmt mit den winzig kleinen Nadeln? Und dass das wirklich nicht wehtut?

Professor Jost begrüßt mich herzlich. Nach den vielen E-Mails hin und her ist man sich ja schon irgendwie vertraut. Er lässt sich erst nochmal die Vorgeschichte erzählen. Nickt beim Zuhören: »Ja, das hört sich wie Blepharospasmus an ...« Dann bittet er mich in das Nebenzimmer auf die Liege. Eine Assistentin erscheint mit Eisbeuteln. Äußerst skeptisch mustere ich diese. Aber Professor Jost beruhigt mich:

»Damit kühlen wir die Einstichstellen um die Augen, damit Sie keine blauen Flecken von den geplatzten Äderchen bekommen.«

Ich staune. Da beginnt er schon zu spritzen. Und tatsächlich: Ich spüre kaum etwas. Erleichtert lasse ich mich fallen und schließe ruhig die Augenlider. Die Anspannung in meinem Körper lässt nach, der kühlende Eisbeutel beruhigt mich zusätzlich. Ich bin in besten professionellen Händen.

Danach sitzen wir uns in seinem kleinen Büro gegenüber. Er hat noch ein wenig Zeit. Und ich viele Fragen.

15. Kapitel

WAS NEUROLOGEN WISSEN

Er hat ein erstaunlich kleines Büro, dieser Professor Jost. Dafür, dass er als Neurologe eine so große Abteilung in einer derart renommierten Klinik leitet. Aber das Repräsentieren ist wohl nicht sein Ding. Sehr sympathisch, denke ich mir.

Durch das Fenster sieht man hinaus auf die Wiesbadener Aukamm-Hügel, ein Ausblick, der ungemein beruhigt. Auch mich in diesem Augenblick. Frisch gespritzt und froh bin ich neugierig auf die neusten neurologischen Erkenntnisse zu Blepharospasmus und Dystonien allgemein.

Einige Stichpunkte habe ich mitgebracht und baue nun mein kleines Aufnahmegerät und das Mikrofon auf, damit ich nicht mitschreiben muss und mich auf das Zuhören konzentrieren kann. Immer wieder habe ich mir in den vergangenen Monaten den Kopf zerbrochen, was der Grund, der Auslöser für meine Erkrankung gewesen sein könnte. Welche Krankheiten, welche Medikamente zu dieser Reaktion geführt haben könnten.

Ganz vorn auf der Verdachtsliste stehen natürlich meine früheren Migräneattacken, die ich mit Kopfschmerzmitteln und Medizin gegen das Erbrechen versucht habe zu bekämpfen. Metoclopramid und Dimenhydrinat hatte ich immer in meiner Handtasche. Damals eine große Hilfe, heute vielleicht doch eine gefährliche Kombination?

Professor Jost schließt das nicht aus. Wenn man als Patient eine Dystonie hat, solle man diese Medikamente fürchten wie der Teufel das Weihwasser:
»Diese Medikamente sind bei Parkinsonpatienten kontraindiziert, also nicht erlaubt«, erklärt er mir; die dürfen solche Patienten auf gar keinen Fall nehmen. Aber ob sie letztlich der Auslöser für eine Dystonie sind, das mag auch der Neurologe letzten Endes nicht behaupten.

Weil der Münchner Neurologe schon ganz früh so endgültig von einer genetischen Disposition der Dystonie gesprochen hat, also ganz überzeugt klang, dass Gene im menschlichen Körper eine Dystonie vererben, will ich auch diesen Aspekt mit Professor Jost diskutieren. Dabei räumt auch er ein, dass genetische Faktoren eine erhebliche Rolle spielen. Aber immer im Zusammenhang mit Medikamenten. Also im Klartext für mich als Laien: Wer eine genetische Veranlagung besitzt, bei dem können Medikamente leichter eine Dystonie hervorrufen. Wer tatsächlich ein Gen in sich trägt, das zur Dystonie führt, bekommt meistens auch schwerere Formen dieser Krankheit. Also keinen Blepharospasmus wie ich, sondern dann schon eher die gefürchtete Ganzkörper-Dystonie. Bei der der ganze Körper von Spasmen geschüttelt wird.

Und noch eine Sache, auf die ich bei meinen Recherchen immer wieder gestoßen bin, bestätigt mir der Wiesbadener Neurologe: Es sind tatsächlich mehr Frauen betroffen als Männer.

Vor allem von Blepharospasmus und hauptsächlich in der zweiten Lebenshälfte. »Warum«, das gesteht mir Professor Jost dann auch ganz freimütig ein, »warum, weiß keiner.«

Auch die von mir vermutete Rolle von Hormonen kann der Arzt so nicht bestätigen. Allerdings räumt er ein, dass es Überlegungen in dieser Richtung gäbe. Das sei auch bei Migräne so, wo der Einfluss der Hormone feststehe. Aber gesichert sei gar nichts. Und vielleicht hänge es damit zusammen, dass Frauen viel eher zum Arzt gehen, wenn sie krank sind, als Männer. Als Folge davon würden 80 Prozent aller Schmerzmittel und Beruhigungstabletten Frauen verschrieben, Männern hingegen viel seltener.

Ist das vielleicht ein Grund für die häufigeren Dystonien bei Frauen als bei Männern?

Immer wieder habe ich in den Monaten vor meinen ersten Spritzen festgestellt, dass Alkohol einen schlechten Einfluss auf meine blinzelnden und blinkenden Augen hat. Also keineswegs die entspannende Wirkung, die man sonst ein, zwei Gläsern Wein zuschreibt. Warum ist das so?

»Das kann man nicht pauschal so sagen«, erklärt mir Professor Jost. »Alkohol verbessert die Situation bei allen Dystonien mit starken Muskelzuckungen, auch bei einem Tremor. Aber bei anderen Dystonien wird das sehr unterschiedlich erlebt.« Und wieder wird mir klar: Die Wissenschaft steckt hier noch in den Kinderschuhen; es gibt noch viel zu forschen.

Weil ich ja beim Lesen meiner Texte und Manuskripte, beim Schneiden der Filme, Sichten des Rohmaterials an den Monitoren überhaupt kein Problem mit meinen Augenlidern und dem Krampfen habe, schießt mir manchmal doch ein Hoffnungsschimmer durch den Kopf: Vielleicht ist es doch kein Blepharospasmus, an dem ich leide, keine Dystonie, die nur mit Botulinumtoxin behandelt werden kann. Aber, das wird mir in diesem Gespräch dann doch klar, diese Hoffnung muss ich wohl begraben. »Es gibt verschiedene Formen«, erklärt der Professor, »eine davon ist das häufige Zwinkern, bei anderen ist der Lidschluss verlängert und stärker. Oder solche, bei denen man das Gefühl hat, das Lid klebt zusammen. Diese Patienten bekommen dann ihre Lider gar nicht mehr auf.«

Also doch: Botulinumtoxin bis ans Ende meiner Tage? Mit welchen Nebenwirkungen habe ich denn da zu rechnen? In diesem Punkt kann mich Professor Jost allerdings beruhigen. Bei Blepharospasmus benötigt man nur geringe Dosen, von allergischen Reaktionen sei wenig bekannt, auch nichts über eine Antikörperbildung.

»Sicher«, erklärt er mir, »kommt es manchmal zu lokalen Nebenwirkungen, wie einem herabhängenden Oberlid.« Was er hier dezent verschweigt, ich mir aber denken kann: Es hängt wohl auch von der Technik des Spritzens ab, vom handwerklichen Können des Arztes. Denn gerade rund um die Augen ist das Terrain äußerst sensibel und schwierig zu »bespritzen«.

Interessant ist dann seine Schilderung des »klassischen Dystoniepatienten« – und irgendwie kommt mir das doch alles bekannt vor. »Es klingt vielleicht banal, aber Dystoniepatienten sind nette Patienten. Keine egoistischen Menschen, eher sensibel. Patienten, die viel nachfragen, sich viele Gedanken machen um ihre Erkrankung, bereit sind, Opfer zu bringen, viel zuverlässiger sind als alle anderen Patienten. Umgekehrt hat genau dieses Verhalten die Patienten ja auch in die psychiatrische Ecke gedrängt.«

In die sie, seiner Meinung nach, auf keinen Fall gehören. »Eine Therapie kann natürlich helfen, besser mit der Krankheit zu leben und mit den manchmal befremdlichen Reaktionen der Umwelt umzugehen.« Doch hier ist der Neurologe ganz klassischer Mediziner: »Mit einer Psychotherapie kann man eine Dystonie keinesfalls heilen.«

Ich bin froh, endlich einem so kompetenten Gesprächspartner begegnet zu sein. Keiner, mit dem ich in den vergangenen Monaten gesprochen habe, hat sich so umfassend wie Professor Jost mit dem Thema Dystonie beschäftigt.
    Obwohl die Zeit bei ihm drängt, dauert unser Gespräch noch lange.

(Das ganze Interview können Sie am Ende diese Buches auf den Seiten 182–196 nachlesen.)

16. Kapitel

TRICKS FÜR DEN ALLTAG

Zum Abschluss unseres langen Gespräches legt mir Professor Jost noch eine grüne Broschüre und eine engagierte Dame ans Herz: Didi Jackson, Präsidentin der Deutschen Dystonie Gesellschaft. Sie selbst leidet an einer spasmodischen Dysphonie, einer Verkrampfung der Kehlkopfmuskeln. Was für sie bedeutet, dass sie ihre Worte nur hauchen kann. Aber mit Botulinumtoxin kann auch ihr geholfen werden.

Das Gift ist also bei Dystoniepatienten tatsächlich ein Wundermittel. Ich verspreche Professor Jost, mich bei Didi Jackson zu melden. Und mich auch in der Dystoniegesellschaft zu engagieren.

Bepackt mit Informationsmaterial geht es zurück zum Flughafen. Irgendwie bin ich hochzufrieden. Zum einen muss ich in Zukunft keine Angst mehr vor den Spritzen haben, wenn ich sie tatsächlich für den Rest meines Lebens brauche. Zum anderen fasziniert mich das Thema »Dystonie« mehr und mehr. Nie hätte ich gedacht, dass es mindestens 80 000 Menschen in Deutschland gibt, die daran leiden. Noch im Flugzeug vertiefe ich mich in die Fachliteratur.

Alles, was ich lese, spricht für die Argumente des Neurologen. Es ist wohl unbestritten, dass Botulinumtoxin wesentlich dazu beigetragen hat, dass Dystonien wie der Torticollis, also der Schiefhals, der Schreibkrampf, der Blepharospasmus und die Kehlkopfdystonie nicht mehr ein Schattendasein als seltene und skurrile Krankheiten führen. Einst sprachen ja nicht wenige Ärzte von »Raritäten«, so, als hätten sie in ihrem strebsamen Forscherdasein ein Kleinod entdeckt.

Zusätzlich zu den bekannten 80 000 Menschen, die in Deutschland mit einer Dystonie leben, wird eine noch mindestens genauso hohe Dunkelziffer vermutet. Denn vielen ergeht es so wie mir: Die meisten Ärzte wissen die Krankheitsbilder nicht einzuordnen. Viele Patienten verstecken sich dann verschämt zu Hause. Zu sichtbar für andere ist die Dystonie, zu seltsam reagiert die Umgebung. Das macht sie alle unsicher im Auftreten in der Außenwelt.

Wenigstens sind sich inzwischen alle Neurologen einig: Dystonie ist keine psychogene Erkrankung, sondern eine Störung im Basalganglien-thalamokortikalen Regelsystem des Gehirns. Zudem seien für manche Dystonien genetische Defekte bei Chromosomen verantwortlich. Das haben amerikanische Wissenschaftler inzwischen entdeckt und bewiesen.

Mit fällt dabei ein Begriff ein, der zuweilen auf Entschuldigungen in meiner Schulzeit bei anderen zu lesen war: – »Vegetative Dystonie«. Heute weiß man, dass das eher eine wachsweiche Erklärung für ein nichtdefiniertes Krankheitsbild ist. Und in der Wirklichkeit gar nicht existiert. Im Gegensatz zu den »echten« Dystonien, über die hier in dem Buch zu lesen ist.

Der Ausdruck »Dystonie« entstand kurz nach 1900 und wurde von dem deutschen Neurologen Oppenheim geprägt. Beim weiteren Schmökern entdecke ich folgende Formulierung: »Eigentümlich tonische Krampfform mit hysterischen Symptomen«.

Heute beschreiben die Mediziner das Krankheitsbild wesentlich klarer: »Eine Dystonie bezeichnet anhaltende Muskelkontraktionen, die zu verzerrenden und wiederholenden Bewegungen oder abnormalen Haltungen führen. Mit der neueren Definition können zuckende und zittrige Muster hinzukommen. Die meisten primären (ohne bekannte Ursache) Dystonien wie der Blepharospasmus oder der Torticollis (Schiefhals) sind lokal und beginnen meist erst im Erwachsenenalter. Sie zeigen darum nicht die klassischen Charakteristika einer Erbkrankheit.«

Das finde ich sehr beruhigend. Meine Söhne werden sich also nicht damit herumschlagen müssen. Doch es gibt noch mehr zu entdecken. Als Nächstes finde ich einen Artikel mit der faszinierenden Überschrift: »Wie Trick-Manöver die Dystonie verbessern können« von Privatdozent Markus Naumann von der Neurologischen Universitätsklinik Würzburg.

Hier einige Auszüge:

»Dystonien sind grundsätzlich unwillkürliche Bewegungen, welche aber durch äußere Faktoren wie zum Beispiel Stress, emotionale Anspannung und auch körperliche Aktivität verstärkt werden können. Im Gegensatz dazu gibt es jedoch auch das interessante und bislang nur wenig verstandene Phänomen, dass die Berührung bestimmter Hautareale, wie zum Beispiel des Kinns oder der Augenregion bei Schiefhals- oder Blepharospasmus-Betroffenen zu einer deutlichen Besserung des Symptomatik und zum Nachlassen der Verkrampfungen führt. Dieses Phänomen wird als so genannter ›sensorischer Trick‹ oder als ›Trick-Manöver‹ und früher auch als ›geste antagonistique‹ bezeichnet. Diese Tricks sind ein wichtiges Merkmal von Dystonien und finden sich in dieser Ausprägung sonst bei keinen anderen neurologischen Erkrankungen aus dem Bereich der Bewegungsstörungen.

Am bekanntesten ist der sensorische Trick bei Patienten mit Schiefhals, bei denen allein die leichte Berührung des Kinns, der Wange, gelegentlich auch des Halses zu einer Reduzierung der Muskelverkrampfung und somit zu einer Besserung der Kopfposition führt. Häufig führt dies auch zu einer Reduzierung der damit verbundenen Nackenschmerzen. Oft wenden Patienten diesen Trick an, ohne sich über die dadurch bedingte Erleichterung für das tägliche Leben bewusst zu werden. Etwa zwei Drittel aller Patienten mit Schiefhals verwenden derartige Tricks, bei einem kleineren Anteil von Patienten hat dieser offensichtlich keinen wesentlichen Einfluss auf die Kopfstellung.

Trickmanöver werden aber auch bei anderen Formen von Dystonien beobachtet. Wie zum Beispiel das Berühren der Haut über der seitlichen Augenhöhle, was bei Patienten mit Blepharospasmus zu einer Reduzierung des Lidkrampfes führt. Das Halten von Münzen oder anderen kleinen Gegenstände hilft bei Hand-Dystonien. Über die Sinnesreizung der entsprechenden Hautpartien lässt die Muskelanspannung am Unterarm oder an der Hand nach. Interessanterweise berichten einige Patienten mit Schiefhals, dass allein die Hand in der Nähe der Gesichtsregion – ohne dass die Haut direkt berührt wird – zu einer Besserung führen kann. In seltenen Fällen reicht sogar die reine Vorstellung eines sensiblen Tricks …

Wie nun wirken solche sensorischen Tricks? Für Dystoniepatienten ist es wichtig, den Wirkmechanismus zu begreifen. Das ist zum einen wichtig für das Verständnis der Entstehung dystoner Bewegungstörungen. Zum anderen kann mit solchen sensorischen Tricks eine Langzeittherapie verbessert werden. Wie dann aber tatsächlich diese Tricks in der Hirnrinde mit den Hirnregionen, die für die Motorik zuständig sind, funktionieren, ist unverändert Gegenstand aktueller Untersuchungen.«

Das alles macht mich nur noch nachdenklicher. Zum einen scheine ich also tatsächlich Blepharospasmus zu haben, den Neurologen mit Botulinumtoxin im Zaum zu halten vermögen. Denn ich helfe mir mit einem der beschriebenen Tricks, wie dem Gähnen. Ich gehe aber andererseits nach einer Stunde Shiatsu vollkommen beschwerdefrei nach Hause. Sicher, bald danach beginnt das Krampfen wieder, wenn ich kurz vor der nächsten Spritzensektion stehe. Mir fällt auch auf, wie meine geschlossenen Augen heftig und bewegt reagieren, wenn Indu während der Behandlung den Leber-und-Gallenblasen-Meridian attackiert.

Wie hängt das alles zusammen? Mir erscheint das ganze Krankheitsbild unverändert unerforscht. Alles, was die Ärzte bisher zu wissen scheinen, drücken sie mit dem Nervengift ins Unsichtbare. Eine echte Intention, den Ursachen auf den Grund zu kommen, verspüre ich nirgends. Über eines bin ich mir allerdings im Klaren: Am wenigsten glaube ich der genetischen Erklärungsversion.

17. Kapitel

DAS LEBEN IN LONDON MACHT SPASS – DANK SHIATSU

London hat mich erst mal wieder. Ich muss mir unbedingt jemanden suchen, der mir Shiatsu geben kann. Wenn es vielleicht auch nicht wirklich gegen Blepharospasmus wirkt – es verbessert meinen Gesamtzustand enorm. Ich fühle mich einfach stärker, rundum gesünder.

Die Health Clinic am Sloane Square ist meine erste Anlaufstelle. Hier kaufe ich oft Vitamine und Antioxidantien. Dort gibt es auch Yogastunden, Akupunktur, und dort bekam ich auch meine osteopathische Behandlung. Vielleicht kennen die jemanden, der Shiatsu gibt. Die Dame hinter der Kasse denkt noch nach, da spricht mich eine attraktive junge Frau mit deutlich italienischem Akzent an: »Ja, das mache ich.« Es gibt wohl keine Zufälle im Leben. Daniela erweist sich als ein ebensolcher Glücksgriff für mich wie Indu auf unserer kleinen Insel.

Bei unserem ersten Termin erzähle ich von meinen Augen, das Wort Blepharospasmus hatte sie noch nie gehört. Nach einem Grundcheck schlägt sie mir vor, am Anfang zweimal die Woche zu kommen; mein Körper würde das brauchen. Dem kann ich nur zustimmen. Wenn auch die wöchentliche Festlegung unserer Treffen bei ihrem dicht bepackten Terminkalender und meinen vielen Beiträgen für die ZDF-Sendungen Einsatz und Beharrungsvermögen erfordert.

Doch mir geht es von Woche zu Woche besser. Die Stadt London erscheint mir plötzlich ganz anders, viel strahlender, lebendiger. Abends, wenn ich so zwischen acht und neun Uhr nach Hause komme, habe ich plötzlich noch Lust, mit meinem Mann etwas zu unternehmen. Im ersten Jahr konnte davon keine Rede sein.

Jetzt lockt das vielseitige kulturelle Angebot dieser faszinierenden Metropole. Es gibt unglaublich viele Kinos – ein wahrer Traum für einen Kinofreak wie mich, die früher mindestens einmal die Woche mit Gummibärchentüte in den neuesten Film lief. In London war ich allerdings abends todmüde mit dem Bus am Chelsea Cinema vorbeigerattert; meist konnte ich noch nicht einmal mehr die angekündigten Filme entziffern.

Aber nun packt mich riesige Unternehmungslust. Schon vom Büro aus verabrede ich mich mit meinem Mann vor dem Kino. Heute Abend läuft »Chrouching Tiger, Hidden Dragon« von Ang Lee, mit Chow Yun-Fat und Michelle Yeoh in den Hauptrollen. Ein wunderbarer Film. Was mir vorher nicht so klar war: In Großbritannien laufen alle Filme im Original. Hier also: in Mandarin. Mit englischen Untertiteln. Ganz schön gewöhnungsbedürftig. Doch einige Wochen und viele Filmvorstellungen später kann ich mir einen ausländischen Film gar nicht mehr anders vorstellen. Es kommt so viel mehr rüber an Information und Atmosphäre, wenn die sprechenden Schauspieler nicht synchronisiert werden. Man sollte das in Deutschland auch einführen, dann wäre vielleicht auch bei vielen die Aussprache ihres Englisch oder Französisch oder Italienisch besser.

Viele Filme sind auch einfach in der Originalversion am besten. »Die wunderbare Welt der Amelie« – ein herrlicher Film im Original. Wer weiß, wie viel er in der englischen Übersetzung verloren hätte.

Mein Mann und ich schaffen es jetzt aber auch, kleine, lustige Kneipen zu entdecken. Allmählich kapiere ich sogar die Pub-Kultur. Wenn man da von einer Kultur sprechen mag. Vor allem am Freitagnachmittag stehen die Briten und Britinnen nicht nur rund um den Pub-Tresen, sondern bei halbwegs erträglichem Wetter, also wenn es nicht regnet, draußen auf dem Bürgersteig. In der Hand ihr Pint, die Mädels meist ein Glas Weißwein. Mir fällt auf, dass viele Frauen mit ihren männlichen Arbeitskollegen vor den Pubs stehen und mittrinken. Und das nicht zu knapp. Für einen Film über junge Britinnen habe ich herausgefunden, dass in keinem Land der Welt so viele junge Frauen an Leberzirrhose erkranken. Weil sie unglaublich viel trinken. Wein und Bier wären ja noch harmlos, aber absolut »in« sind die harten Klaren in harmlosen kleinen Limoflaschen. Die werden zu Hause vor dem Ausgehen gekippt, um schon mal in Stimmung zu kommen. Außerdem sind sie natürlich im Supermarkt viel billiger als im Pub.

Ein weiteres Vergnügen, das ich nun gemeinsam mit meinem Mann entdecke, sind die wunderbaren Konzerte. Nicht unbedingt im Royal Opera House, wo man hoch droben im vierten Rang auf den schrägen Plätzen immer noch satte 200 Euro für die Karte zahlt und dafür das Gefühl bekommt, gleich vornüber ins Parkett zu stürzen. Nein, die Barbican Music Hall ist mein absoluter Geheimtipp. Einmal wegen der zivilen Preise. Dann wegen der hervorragenden Akustik und der herausragenden Architektur, die an die des Gasteig-Saales in München erinnert. Entdeckt habe ich das Barbican Center im Osten der Stadt, weil Anne-Sophie Mutter dort eines Abends konzertierte. Als großer Fan dieser begabten Geigerin habe ich alles darangesetzt, rechtzeitig mein Stück für die »heute«-Redaktion zu überspielen, um im Konzertsaal zu sitzen.

Umziehen? Fein herausputzen? Nicht in Großbritannien. Die Briten gehen in ihrem Business-Kostümchen, in ihrem Office-Anzug, mit Schirm und Mantel über dem Arm, ins Konzert, in die Oper. Die Aktentasche wird unter die Füße gepackt. Erst war ich irritiert, heute finde ich das äußerst angenehm. Kein Stress mit dem »rechtzeitig nach Hause und noch umziehen vor dem Theater«, man kann sich voll und ganz auf die Darbietung konzentrieren ... Sollte allerdings vor dem Konzert seinen Pausendrink schon ordern und bezahlen – das erspart lange Warteschlangen. Um diesen Trick herauszufinden, habe ich zugegebenermaßen einige Wochen gebraucht. Aber jetzt bin ich Profi und verblüffe meinen Mann mit der reservierten Steh-Ecke und seinem kühlen Bier auf dem Tischchen. Kleinigkeiten, die das Leben in London angenehm machen. Vor allem, wenn man nicht mehr ständig Angst vor krampfenden Augenlidern hat.

18. Kapitel

WIE SHIATSU WIRKT

Seit fünf Monaten gehe ich jetzt schon zu Daniela und lasse mir Shiatsu geben. Indus' Saat ist aufgegangen. Die zwei Stunden Shiatsu in der Woche helfen mir und meinem Körper, mit den Anforderungen des Berufslebens und mit dieser unglaublich anstrengenden Stadt fertig zu werden.

Doch ich bin neugierig geworden, will mehr über Shiatsu erfahren. Da ich oft während ihrer Behandlung in einen Tiefschlaf verfalle, bleibt keine Zeit für meine neugierigen Fragen. So lade ich sie für einen Samstagnachmittag zu mir nach Hause ein. Bei einem Salat kann ich sie mit allem löchern, was mich schon seit langem beschäftigt. Vor allem will ich wissen, wie sie diesen für sie ja fremden Körper erspürt, wo sie mit ihrer Behandlung beginnt.

»Bei Ihnen zum Beispiel«, erklärt sie mir nachdenklich, »kam mir als Erstes in den Sinn: hart, fest. Diesen Eindruck machte Ihr Körper auf mich. Ich habe da eine große Steifheit gefühlt, Ihr Körper wirkte irgendwie vergiftet.«

Sie stellt das durch die Bewegung des Menschen fest, erzählt sie weiter: »Daran erkenne ich es. Ich habe gelernt, tiefer in die Menschen hineinzusehen. Weil wir Therapeuten, wenn wir mit dem Körper arbeiten, auch mit seinen inneren

Organen arbeiten. Ich merke, wenn eine Art der Reinigung erforderlich ist. Körperarbeit bedeutet darum nicht nur sinnvolle Ernährung, sondern auch, ob die Energieflüsse richtig bewegt werden. Das Chi, wie die Chinesen sagen. Aber um wieder auf Ihr Anfangsstadium zu kommen: Ihr Körper wirkte vergiftet, müde, erschöpft.«

Sie steckt mich in die Kiste der »sehr aktiven Menschen«. Darum brauche ich nach den Lehren der chinesischen Medizin auf der einen Seite mehr Beruhigung, Sedierung. Auf der anderen Seite muss die Energie an die richtigen Stellen im Körper gebracht werden. Denn Energie sei ja genug da.

Wie beruhigend.

Danielas eigener Lebenslauf ist sehr wechselvoll. Früher war sie ein erfolgreiches Model, arbeitete in Rom und Paris, rauchte Kette und aß nichts. Bis ihr eigener Körper eines Tages nicht mehr mitmachte, sich verweigerte. Da hat ihr eine italienische Ärztin Shiatsu empfohlen: »Das hat mich dann so gepackt, dass ich meinen Beruf aufgegeben habe und mich ganz dem Studium asiatischer Heilmethoden zugewandt habe.«

Viel Zeit ist seitdem vergangen. Sie hat vor allem in Italien studiert, war aber auch schon einige Male zu Fortbildungen in San Francisco. Seit acht, neun Jahren lernt sie zusätzlich zu Shiatsu Chi-Gong. Das hilft ihr, immer wieder zu sich selbst zu finden. Auch, um alles loszuwerden, was bei der Behandlung der kranken Patienten in sie eindringt: »Oft ist es ziemlich umwerfend, was danach in meinem Kopf umgeht, im wahrsten Sinne des Wortes.«

Am schönsten findet sie an ihrer Tätigkeit, dass eine gewisse Art des Verstehens die Voraussetzung für eine erfolgreiche Behandlung ist. Es muss nicht Freundschaft sein, aber

Sympathie und Verständnis sollten doch vorhanden sein – und nicht zu vergessen das Wichtigste überhaupt: Vertrauen. Ohne geht es nicht.

Nur dann kann Daniela sinnvoll mit ihren Patienten arbeiten. Nicht, dass sie sie heilen kann. Aber sie kann erreichen, dass die Betroffenen besser mit ihren Symptomen umgehen können.

Für Daniela ist meine Dystonie eine Art Fehlverhalten des zentralen Nervensystems. Alles, was sie bisher bei mir gesehen und gefühlt habe, bestätigt sie in dieser Annahme. Viel Zeit sei notwendig, um sich da durchzuarbeiten, erklärt sie mir.

»Ich glaube, es wäre sehr naiv zu sagen: Ich kann das jetzt heilen. Aber ich bin optimistisch und denke, wir werden erreichen, dass das Blinzeln und Blinken immer weniger wird. Das ist natürlich ein langer Prozess. Doch ich habe so etwas schon erlebt. Einmal hatte ich einen Patienten, der keine Tränenflüssigkeit mehr produzieren konnte. Nach einigen Monaten öffneten sich plötzlich die Tränenkanäle – und jetzt kann er wieder weinen, die Augäpfel sind feucht, sein ganzer Körper ist wieder im Einklang mit sich selbst.«

Dann beschreibt sie mir detailliert, was ich während der Behandlung zwar spüre, aber oft nicht im ganzen Ablauf begreife.

»Ich arbeite mit den Fingern, den Händen, oft mit den Ellenbogen. Dabei taste ich entlang der Meridiane, die durch unseren Körper gehen, und suche nach den Punkten, die die Chinesen Tsubos nennen. An diesen kann man das energetische System einer Person gut erreichen. Durch Bearbeiten dieser Punkte versuche ich, Blockaden zu lösen. Mit leichtem oder festerem Druck meiner Finger, meiner Hand. Dabei wirkt sich dieser Druck nicht nur auf die Kanäle oder die speziellen Punkte aus, sondern geht sehr viel tiefer, bis auf die Knochen. Es ist eine unglaubliche Erfahrung, so etwas zu transportieren.«

Danielas Ausführungen berühren mich. Endlich kann ich mir das genauer vorstellen. Mich interessiert aber auch noch, welche Meridiane mit den Augen verbunden sind. Denn bei unseren Treffen behandelt sie oft die Leber, den Magen und die Gallenblase in der beschriebenen Form, aber nicht meinen Kopf, meinen Nacken, die Muskeln, in denen nach meiner Kenntnis die entscheidenden Nervenbahnen verlaufen.

»In der chinesischen Medizin sind die Augen mit der Leber, dem Magen und der Gallenblase verbunden. An diesen Meridianen muss ein Shiatsu-Therapeut entlangarbeiten. Die Blockaden sind dabei nicht gerade erst entstanden, sondern meistens leben wir schon Jahre mit ihnen. Wir lernen über Jahre hinweg durchzuhalten, auszuhalten, die Emotionen in unserem Körper zu vergraben.«

Manchmal braucht sie zehn Behandlungen, um überhaupt nur einen einzigen Blockadepunkt zu lösen. Nach einer Behandlung weiß der Patient natürlich nicht, welcher Punkt genau jetzt gelöst wurde. Aber er fühlt sich erholt und ausgeglichen. Auch emotional geht es dem Behandelten oft viel besser.

Das war jetzt also ein umfassender Kurs in Shiatsu. Vieles habe ich geahnt, vieles schon mal irgendwo gelesen. Nur wie das alles auf mich selbst passte, was es für mich bedeutete, ist schon eine neue Dimension. Danielas Beschreibungen erklären mir auch meine eigenen Reaktionen. Warum ich mich so beschwingt, wirklich wie neugeboren fühle, wenn ich bei ihr aus dem Behandlungsraum gehe. Warum ich auch lieber abends die Stunde bei ihr buche als morgens vor dem Büro. Denn abends hält die Nachwirkung des Shiatsu meiner Meinung nach länger an. Im Büro wischen der Alltag, die Telefonate, die Schnitt-Zeiten, der Zeitdruck vor der nächsten Überspielung vieles schnell wieder weg. Wenn ich es schaffe, am Samstagvormittag zu ihr zu gehen, habe ich das ganze Wochenende das Gefühl einer positiven Nachwirkung. Die Asiaten mit ihren Heilmethoden scheinen uns Europäern in manchem wirklich meilenweit voraus zu sein. Allerdings habe ich auch begriffen: mein Augenblinzeln, Krampfen und Blinken – das wird damit wohl nicht geheilt werden können. Aber eindeutig verbessert. Was, das ist mir jetzt auch bewusst, vor allem mit meiner besseren körperlichen Verfassung zu tun hat. Also: auf zu neuen Taten, mal sehen, was dieses Jahr in Großbritannien für mich als Journalistin so alles bringt.

19. Kapitel

ALLTAG ZWISCHEN FUCHSJAGD UND DYSTONIE

Schon im vergangenen Jahr waren wir mithilfe unserer Producerin Steffi – die Bayerin, von der ich schon erzählt habe – auf der Suche nach einer Fuchsjagd auf dem Lande, an der wir als Kamerateam teilnehmen dürfen. Denn trotz der Ankündigung von Premierminister Tony Blair und unzähliger Unterhausentscheidungen, die grausame Form der Jagd endgültig in Großbritannien zu verbieten, finden diese Wochenend für Wochenend statt. Dabei reitet der Pulk in einem fest abgegrenzten Revier hinter den kläffenden und hechelnden Hunden her. Auf der Suche nach einem Fuchs, den sie dann zu Tode hetzen und am Schluss bei lebendigem Leib zerfetzen. Tierschützer regen sich seit Jahren darüber auf, aber die reitende Landbevölkerung hält diese Form der Jagd für die beste Methode, den Fuchsbestand zu dezimieren.

Eines Morgens kommt eine strahlende Steffi zu mir ins Büro: Erfolg, Erfolg – eine Anti-Fuchsjagd-Liga erlaubt uns, ihnen bei ihren Aktivitäten gegen Reiter und Hunde zu folgen. Wir vereinbaren den kommenden Samstag, und nachdem Dan, unser Londoner Kameramann, an diesem Wochenende Kinderdienst hat, muss ich einen Kameramann aus Deutschland anfordern. Was sich am Schluss als Glücksgriff erweist. Denn Jan hat schon oft für das neue Format »ZDF.reporter« gedreht, für das diese Geschichte geplant ist.

Das ist sehr hilfreich und wichtig. Denn die Redaktion von »reporter« ist stolz darauf, gerade im Filmischen eine neue Handschrift entwickelt zu haben. Da muss der/die Kameramann/ oder -frau ständig ganz nah dran sein, mit der Kamera die Bewegungen festhalten. Aber nicht nach der Devise: Eine wackelige Kamera ergibt ein bewegtes Bild. Nein: Diese Form der Reportage ist eine hohe Kunst, und manche Kameraleute weigern sich auch einfach, das mitzumachen. Weil es wahnsinnig anstrengend ist, da meist ohne Stativ von der Schulter gedreht werden muss. Und da muss der Kameramann eine besonders ruhige Hand (oder Schulter) haben. Dazu soll der Reporter, die Reporterin in der Geschichte immer wieder vorkommen, nicht aufdringlich, eher dezent. Aber die Zuschauer sollen den Menschen auch kennen lernen, der ihnen diese Geschichte jetzt erzählt. Viele Gründe also, warum ich froh bin, dass Jan mit uns diesen Film drehen wird.

Noch im Dunkeln treffen wir uns in der schlafenden Stadt, fahren etwa 60 Meilen hinaus in Richtung Süden. Fast schon an der britischen Küste, bei Bognor Regnis, trinken wir bei dem Initiator der Anti-Fuchsjagd-Kampagne alle noch schnell einen heißen Tee mit Milch. Dann geht es los, warm verpackt gegen Wind und Regen und mit festen Schuhen gegen Schmutz und Schlamm versehen. Als Erstes suchen wir alle die Jagdgesellschaft. Noch sind wir frohen Mutes, nicht ahnend, was uns, dem Fernsehteam, wirklich bevorsteht: vier Stunden rennen, hetzen, klettern und kriechen, um immer noch vor den Reitern an einer Lichtung oder vor einem Hindernis anzukommen.

Dazwischen kurze Pausen, wenn wir auf den reitenden Pulk warten. Wie immer höre ich auch an diesem Samstag mal schnell die Nachrichten ab. Und da bleibt mir das Herz buchstäblich stehen: Prinzessin Margaret, die Schwester der Königin, ist gestorben – und ich habe Bereitschaft an diesem Samstag. In meinem Kopf überschlagen sich die Gedanken: Die aktuellen Programme brauchten sofort Berichte. Gott sei Dank haben wir den 15-minütigen Nachruf schon vor längerer Zeit nach Mainz überspielt. Jetzt also hastige Anrufe in der »heute«- und »heute journal«-Redaktion. Fieberhaft gehe ich im Kopf den Zeitplan durch. Den Dreh hier auf dem Land kann ich nicht so schnell wiederholen, den sollten wir also zu Ende bringen. Wenn ich um 13.30 Uhr von hier mit dem Auto aufbreche, bin ich um spätestens 16.30 Uhr im Studio und kann für die 19-Uhr-»heute«-Ausgabe und das »heute journal« um 21.45 Uhr noch die Berichte machen. Die-17-Uhr »heute«-Ausgabe ist nur fünf Minuten lang, die behelfen sich mit Bildern aus der Euro, dem europäischen Nachrichtenpool. So könnte alles klappen. Jetzt muss ich noch eine weitere Producerin aktivieren, die im Studio alle hereinkommenden Bilder mitschneidet, Interviews möglichst vor dem Buckingham Palace mit trauernden Briten macht und mit dem ebenfalls zu organisierenden Cutter alles schon in den Avid-Schnittplatz einlädt. Dann kann ich noch ein wenig hier beim Dreh auf der Fuchsjagd dabei sein.

Nach fünf weiteren Telefonaten ist klar: Es läuft, alles ist organisiert, und jetzt müssen wir erst mal wieder rennen, hetzen und über stramm gespannte Zäune klettern. Mir kommt es vor, als würden sich unsere Führer ganz bewusst das dichteste Unterholz, die tiefsten Schlammlöcher aussuchen. Um dem Fernsehteam aus Deutschland die Schönheiten der britischen Wälder mal so richtig zu zeigen ... Allmählich schnaufen wir alle ganz schön. Aber die Bilder versprechen spannend zu werden. Am Ende frage ich dann noch einige junge Reiterinnen, warum sie denn auf so grausame Art und Weise Füchse töten müssen? Die Antwort ist knapp und kommt in jeder Beziehung »von oben herab«: »Was geht es Sie als Deutsche an, wie wir unsere Füchse jagen? Halten Sie sich da raus ...«

Das war's dann. Ich lasse den Kameramann, die Ton-Kollegin und die Producerin auf dem Land zurück und springe, schmutzig wie ich bin, ins Auto in Richtung Studio. Das Team verspricht, mit dem Zug nachzukommen. An meine Augen zu denken an einem solchen Tag, das kommt mir überhaupt nicht in den Sinn. Sie mucken auch nicht auf. Alles geht glatt, wenn man an einem solchen Tag überhaupt von »glatt gehen« sprechen kann. Die Berichte über Margarets Tod werden in der Sendezentrale gelobt, ebenso unsere Reportage über die Fuchsjagdgegner und ihre Aktionen in der folgenden Woche bei den »reportern«. Zeit zum Luftholen? Mal sehen.
Daniela meint beim nächsten Shiatsu-Termin nur: »Sie haben enorm viel Spannung im Hals und Schulterbereich, es war wohl eine anstrengende Woche?«

Als wir mal wieder mehr Zeit zum Reden finden, erzählt mir die Italienerin von ihrem Freund Andrew und von Chi-Gong, einer entspannenden Atemübungstechnik. Das solle ich auch mal probieren, zusätzlich zu Shiatsu. Vielleicht erst mal in einer Privatstunde allein, dann in einem seiner Workshops am Wochenende. Da ich ja zurzeit durch die Botulinumtoxinspritzen kein akutes Problem mit meinem Blepharospasmus habe, bin ich offen für Experimente mit alternativen Methoden. Sicher, ich weiß inzwischen, dass Neurologen eine Dystonie für nicht heilbar halten. Aber tief in meinem Innersten mag ich es immer noch nicht glauben.

Also auf zu Andrew. Er wohnt im Promiviertel Notting Hill. Da, wo Hugh Grant Julia Roberts verführte. Abends, im Dunkeln, suche ich seine so genannte »garden flat«, die Gartenwohnung. Souterrain würde man bei uns sagen, und so etwas kaum zu vermieten wagen. Aber die Londoner Wohnungsverhältnisse sind eben ganz anders als im übrigen Europa. Wohnraum ist unglaublich teuer und rar. Da nimmt man für eine erschwingliche Miete auch solche »garden flats« in Kauf. Andrew unterrichtet mich in seinem Wohnzimmer, rückt einen kleinen Tisch zur Seite und wirft eine Matte auf den Holzfußboden. Meinen Mantel, den Schal und die Schuhe lege ich in einer Zimmerecke auf dem Fußboden ab. Solche Dinge stören mich schon längst nicht mehr. Und für einen Briten sind sie selbstverständlich. Wie oft habe ich nicht nur in Konzertsälen und bei Empfängen umsonst nach einer Garderobe gesucht. Kommt wohl nicht vor, wegen Raummangel.

Andrew lässt mich erst mal kurz erzählen, warum ich bei ihm eine Chi-Gong-Stunde gebucht habe. Von Blepharospasmus hat auch er noch nie etwas gehört. Dafür weiß er umso mehr über Entspannungstechniken. Er hat fünfzehn Jahre Tai-Chi, Chi-Gong und Meditation studiert. Unter anderem bei einem Meister aus Peking. Diese Techniken, erklärt er mir, sind über tausend Jahre alt. Sie seien ausgesprochen effektiv, sicher und heilend – sowohl für den Körper als auch für die Seele. Sie helfen Menschen, mit den Stresssituationen der modernen Welt besser umgehen zu lernen, und unterstützen sowohl das Bewusste als auch das Unterbewusstsein.

Ich soll mich erst mal bequem hinstellen. Mit leicht gebeugten Knien, die Hände neben dem Körper locker fallend. Ziel wird es sein, den Körper von innen heraus zu bewegen. Mit den tief liegenden Muskeln, den Bändern, den Gelenken und inneren Räumen. Indem die äußeren Muskeln alle entspannt werden. Diese Methode sorgt für unangestrengte Bewegung, große Koordinationsfähigkeit und einen meditativen Zustand des Bewusstseins.

Ich stehe also da, entspanne, atme bewusst und versuche, angeleitet durch seine monotonen Anweisungen, alle Gedanken aus meinem Kopf zu vertreiben. Erstaunlicherweise fällt mir das Stehen nicht schwer. Fast eine halbe Stunde lang verharre ich unbeweglich in dieser Position, immer nur mit meinen Gedanken und dem Vertreiben dieser beschäftigt. Aber es geht mir gut dabei. Andrew kontrolliert mich und korrigiert, wenn nötig. Auch ihm habe ich von meinem Augenblinzeln und Blinkern erzählt. Während ich in seinem Wohnzimmer stehe, sind die Augen ganz ruhig, still, gelassen. Ebenfalls später im Liegen. Nach meiner ersten Stunde bei ihm ahne ich entfernt, was Chi-Gong bedeuten kann. Ich nehme mir vor, mal an einem Wochenendkurs teilzunehmen. Es kann schließlich nichts schaden, wenn man sich selbst von außen nach innen total entspannen kann. Jetzt gehe ich erst mal an diesem feucht-dunklen Londoner Winterabend zur nächsten U-Bahn-Station und mache mich auf den noch weiten Heimweg. 40 Pfund (60 Euro) hat diese Lektion gekostet – ich rechne schon lange nicht mehr um. Sonst würde ich in London verzweifeln.

Am kommenden Sonntag bin ich mal wieder Gast bei BBC-Dateline. Das ist so eine Art britischer »Frühschoppen«, zu sehen auf BBC World, also in der ganzen Welt. Mit Ausnahme von Großbritannien. Mit Journalisten aus aller Herren Länder diskutieren wir eine Stunde lang über aktuelle Politik. Das macht immer viel Spaß. Zum einen, weil zwei exzellente britische Moderatoren die Diskussionsrunden leiten, zum anderen, weil man als ausländische Korrespondentin viele andere Kolleginnen und Kollegen kennen lernt.

Heute geht es um US-Präsident George Bush und seinen »war against terror«, den Krieg gegen den Terror. Um das Asylbewerber-Problem in Großbritannien und um das anstehende Golden Jubilee der Königin, das durch den Tod ihrer jüngeren Schwester getrübt wird. Seit meine Augen mir Probleme bereiten, denke ich immer mit gemischten Gefühlen an Auftritte vor laufenden Kameras. Aber als ich mir diesmal zu Hause mit meinem Mann danach die VHS-Kassette ansehe, scheint tatsächlich alles wie früher. Noch ein Jahr später laufen Bilder aus dieser dateline-Sendung auf dem normalen BBC-Programm als Trailer. Vielleicht wird ja doch nochmal alles gut. Ein Kinderwunsch, ich weiß. Aber manchmal schlafe ich damit ein.

Inzwischen hat sich die Präsidentin der Deutschen Dystonie Gesellschaft bei mir in London angesagt. Zusammen mit ihrem Mann, einem Briten, sitzen die beiden eines Morgens bei mir im Büro auf den grünen Ledersofas. Und schauen mich ganz kritisch an, bis sie beide wie aus einem Mund sagen: »Ja, Sie haben wirklich Blepharospasmus, wir haben es nicht glauben wollen …« Trotz der Spritzen scheinen sie den typisch schweren Lidschlag entdeckt zu haben. Eben Fachleute, durch eigenes Leid. Didi Jackson hat die schon beschriebene Kehlkopfdystonie. Charakteristisch sind auch hier unwillkürliche Bewegungen und unkontrollierte Verkrampfungen in einem oder mehreren Muskeln, die sich auf die Atmung und die Stimme auswirken. Didi Jackson leidet seit vielen Jahren daran. Aber sie hat gelernt, damit zu leben. Lässt sich regelmäßig mit Botulinumtoxin spritzen und kommt so ganz gut durch.

Mit ihrer engagierten Art schließt sie mich gleich in die Vorbereitung der großen Jahrestagung, diesmal im Juli in Düsseldorf, mit ein. Wie und wo ich sie denn da unterstützen könnte? Ob ich die Podiumsdiskussion moderieren würde? Ich sage gerne zu, weil ich es schon immer für richtig gehalten habe, sich auch in solchen Fälle freiwillig zu engagieren. Als sie mich dann aber fragt, ob ich auch einen Vortrag als Betroffene halten würde, zögere ich allerdings doch. Ob meine Geschichte auch wirklich andere Menschen interessiert?

Da greift ihr Mann ein: »Ja, was denken Sie denn, das sind alles Betroffene, zum Teil wirklich arme Schweine. Die unterstützt niemand. Für die ist diese Jahrestagung ein Rettungsanker. Wenn dann jemand wie Sie auftritt und weiß, wovon er redet – die Menschen werden begeistert sein«, versichert mir Mr Jackson. Ich verspreche also, einen etwa halbstündigen Vortrag zu halten. 30 Minuten Redezeit, das sind 15 Seiten Manuskript. Eine Seite berechne ich immer mit zwei Minuten. Da muss ich mich wohl mal am Wochenende hinsetzen. Aber es ist ja noch so viel Zeit bis zum Juli. Denke ich. Doch natürlich kommt alles anders. Bei uns in Großbritannien überschlagen sich mal wieder die Ereignisse.

20. Kapitel

QUEEN MUMS TOD

Ostern 2002. Ich habe zwar Bereitschaftsdienst, aber es steht nichts Besonderes auf der politischen Tagesordnung. Alle sind in den verdienten Osterferien, weilen auf ihren Landsitzen, und auch im Sendezentrum Mainz tut nur eine Mindestbesatzung Dienst. Mein ältester Sohn will mich für ein verlängertes Wochenende besuchen. Ich freue mich. Wir hatten uns lange nicht gesehen. Nach einer fröhlichen Golfrunde, einer wunderbaren Matthäus-Passion in St. John's, Smith Square am Nachmittag lege ich mich zu Hause für eine halbe Stunde aufs Bett. Der absolute Luxus.

Meine Augen sind noch gar nicht richtig zu, da klingelt das Handy. Im Display sehe ich: die »heute«-Redaktion aus Mainz. Mit der »worst case«-Nachricht an Feiertagen: Queen Mum, die Königinmutter, ist gestorben. Wir hatten das Ganze schon mal durchgespielt. Aber jetzt läuft in meinem Kopf alles auf Hochtouren. Erste Absprachen mit den Redaktionen – was können wir wann liefern. Wieder, wie bei Margaret und beim Kriegsausbruch in Afghanistan: Producer alarmieren, Cutter ins Studio holen, Kameramann informieren. Es bewährt sich, dass ich bei meiner Studioübernahme Bereitschaftsteams gegen Bezahlung eingeführt habe. Ich bin in dreißig Minuten im Studio. Helen, die Büromanagerin, kommt vom Land und ist nach 40 Minuten an ihrem Platz. Von diesem Moment an geht es nur noch rund. Meinen Sohn, das ist mir klar, werde ich an diesem Osterwochenende kaum noch sehen. Er ist erfreulicherweise ziemlich erwachsen und seiner Mutter nicht böse.

Ab dem Todestag X der Königinmutter läuft der Countdown: Tag X plus neun – das ist der schon seit Jahren vorausgeplante Beerdigungstag. Aber was jetzt in Großbritannien abgeht, übertrifft alle meine Erwartungen. Allein wir vom ZDF übertragen die Überführung des Sarges in die Westminster Chapel dreieinhalb Stunden lang. Über fünfzig Prozent der Deutschen sehen an diesem Freitagvormittag live bei uns und bei der ARD zu. In den Tagen zuvor haben über 600 000 Briten der Mutter der Königin, die ja selbst einmal Königin war, die letzte Ehre erwiesen. Bis zu sechs Stunden – zum Teil in der Nacht – mussten sie auf beiden Seiten der Themse anstehen, in einer acht Kilometer langen Schlange. Viele kamen aus weit entfernten Landesteilen oder sogar aus Australien.

Sicher, es ist alles nicht so tragisch wie beim dramatischen Tod der jungen Prinzessin Diana. Aber ich spüre bei den Briten doch eine große Liebe, Achtung und Verehrung für die Frau, die in den schlimmen Tagen der deutschen Bombenangriffe auf London (des Blitz, wie die Briten sagen) die Stadt nicht verlassen wollte. Die über die Trümmerfelder zu den Menschen ging, um zusammen mit ihrem Mann, König George VI., mit den Ausgebombten zu reden. So passt es ins Bild, als sich Königin Elizabeth II. ungewohnt warmherzig per Fernsehansprache bei den Bürgern für die herzliche Anteilnahme am Tod ihrer Mutter bedankt.

Die Trauerfeier vier Tage später gerät zu einem beeindruckenden, tief berührenden Ereignis. Wir alle vom Studio London und die Kollegen, die aus Mainz zur Liveübertragung angereist sind, werden das nie vergessen. Auch diesmal sieht wieder über die Hälfte der Deutschen von morgens neun Uhr bis nachmittags 14.37 Uhr zu. Ich weiß die Uhrzeit deshalb so genau, weil wir, Steffen Seibert und ich, in den letzten beiden Stunden oft kaum mehr wussten, was wir den Zuschauern nach fünfeinhalb Stunden Livekommentierung noch erzählen sollten. Aber wie sagte mein ehemaliger Chefredakteur Klaus Bresser immer so treffend: »Das Livebild ist durch nichts zu toppen. Darum: draufbleiben, bis man keine Bilder mehr hat.« Unser letztes: der schwarze Bentley vor Windsor Castle mit dem Sarg von Queen Mum und den weißen Rosen ihrer Tochter obenauf mit dem liebevollen Text: »In loving memory, Lilibeth«, so hatte sie ihre älteste Tochter immer genannt.

Alle fühlen an diesem Tag mit der Königin. Die in sieben Wochen erst ihre jüngere Schwester, dann noch ihre Mutter begraben musste. Und das in dem Jahr, das ein jubelndes werden sollte, das Golden Jubilee, nach fünfzig Jahren auf dem Thron.

Mir ist nach dieser Mammut-Livestrecke eisig kalt. Denn wir standen die ganze Zeit im Freien auf einer zugigen Terrasse. Eine Stunde, das weiß ich, bleibt mir zum Luftholen, dann muss ich mit unserem Studiocutter Kilian die beiden »heute«-Filme für die 17-Uhr- und die 19-Uhr-Ausgabe schneiden.

Diese verdammte Stunde Zeitunterschied zwischen Großbritannien und Deutschland macht einem Reporter manchmal das Leben schon recht schwer. Erst heute Abend, nach dem »heute journal«, können wir alle im Studio ein wenig aufatmen. Wohl wissend, dass der nächste Großeinsatz in nur sieben Wochen ansteht. Auch dann werden wir wieder mehrere Stunden live berichten: Steffen Seibert, Nina Ruge und ich. Vorher wird noch meine 60-minütige ARTE-Dokumentation laufen und zweimal 45 Minuten über die »Majestät privat« und »Regentin ohne Reich« bei uns im ZDF. Diese beiden Dokumentationen habe ich aus vier sechzigminütigen Teilen der BBC neu zusammengeschnitten und getextet. In dieser Zeit beschleicht mich das Gefühl, fast alles über und aus dem Leben der britischen Königin zu wissen. Die Lesezeit Anfang des Jahres auf unserer Insel war gut investiert. Das wöchentliche Shiatsu versorgt mich dazu mit neuer Kraft und Energie. Wir alle im Studio, 15 Kolleginnen und Kollegen, fühlen uns gut gerüstet für das Jubilee. Schließlich haben uns die Ereignisse um den Tod von Queen Mum gestählt.

21. Kapitel

GOLDEN JUBILEE UND BESUCH BEI KERNER

Bei uns im Studio laufen inzwischen die Vorbereitungen für die geplanten Mammut-Sendungen im Jubilee-Jahr auf Hochtouren. Schließlich wissen ja auch wir beim Fernsehen, dass in keinem Land der Welt die königlichen Windsors so beliebt sind wie in Deutschland. Die Gazetten überschlagen sich schon seit Wochen mit Vorberichten und Porträts zum 50. Thronjubiläum von Elizabeth II.

Aber das ist alles kein Vergleich zu dem Riesenrad, das jetzt im Buckingham Palace gedreht wird. Die Royals haben ihre Lektion nach dem Tod von Prinzessin Diana gelernt – die Königin, indem sie offener und freundlicher auf die Menschen zugeht. Aber auch hinter den Kulissen, wo die große Maschinerie der »spindoctors« und Öffentlichkeitsberater wirkt, hat sich einiges getan. Nicht ohne Wirkung: Der Ton der Berichterstattung in der sonst nicht sehr königsfreundlichen britischen Boulevardpresse ist deutlich wärmer geworden.

Und auch zum Jubilee werden wir Journalisten angenehm überrascht: Noch nie waren die Mitarbeiter der königlichen Pressestelle so entgegenkommend wie jetzt. Das ZDF wird wie alle anderen Fernsehsender schon frühzeitig in einen der prunkenden Säle des Palastes gebeten, um seine Wünsche vorzutragen. Man stelle sich vor: Unsere Wünsche! Bisher kamen wir vom deutschen Fernsehen erst meilenweit nach den britischen Sendern, den amerikanischen Networks und den Commonwealth-Staaten, noch hinter Frankreich.

Jetzt also die höfliche Frage: »Wie hätten Sie's denn gerne?« Kein Problem – wir wissen längst genau, was wir wollen: Stellplätze für drei Übertragungswagen nahe am Buckingham Palace, die Möglichkeit, mindestens zwei bis drei Livereporter an den entscheidenden Positionen unterzubringen, also entlang von »The Mall«, wo die Königin an ihrem Jubiläumstag in der Goldenen Kutsche vorbeifahren wird. Dann vor St. Paul's Cathedral, dem Ort ihrer Dankesmesse, und schließlich auf den Carlton Terraces ein festes, offenes Studio für Nina Ruge. Steffen Seibert und ich wollen aus einem geschlossenen kleineren Studio vor dem Buckingham Palace dieses Ereignis kommentieren. So haben wir uns das ausgedacht.

Helen, die das ganze Fernsehgeschäft in Großbritannien seit dreißig Jahren aus dem Effeff kennt, winkt ab. Das, meint sie, kriegen wir nie durch. Auch wenn wir alle noch so sehr hinter den Kulissen telefonieren, lunchen und mit der EBU, der European Broadcasting Union, kungeln. Aber ausnahmsweise behält Helen nicht Recht. Denn es wird tatsächlich alles vom Buckingham Palace genehmigt. Wir sind überglücklich. Kein anderer Fernsehsender tritt beim Golden Jubilee der Königin mit größerer technischer und personeller Power an als das ZDF. Es sollte sich lohnen.

Zwischen all den Sitzungen und vorbereitenden Telefonaten wollen die deutschen Zeitungen jetzt von mir als britischer

Studioleiterin seitenweise Berichte haben. Für mich ist das vor dem großen Livebericht noch einmal ein Intensivkurs in royalen Details. Inzwischen kenne ich das Leben von Elizabeth II. beinah besser als mein eigenes.

Das ist der Artikel, den ich für die *Welt am Sonntag* über Königin Elizabeth II. »Ein Leben zwischen Macht und Einfluss« geschrieben habe:

Es war bis jetzt kein gutes Jahr gewesen für die britische Königin Elizabeth II.: Im Februar starb ihre jüngere, von ihr geliebte Schwester Prinzessin Margaret mit 72 Jahren. Nur sieben Wochen später ihre Mutter, die von der Nation geliebte Queen Mum. Im gesegneten Alter von 101 Jahren.

Aber trotz aller Trauer will die inzwischen 76-jährige Königin im Juni vier Tage lang feiern. Denn 50 Jahre Regentin auf dem Königsthron sind in der Weltgeschichte eine beachtliche Bilanz. Dabei ist Elizabeth ja nicht nur die Königin von England, Schottland, Wales und Nordirland. Die Monarchin ist ebenso Haupt des Commonwealth, Oberhaupt der britischen Soldaten sowie der Kirche. Dazu gesegnet mit einer Familie, die ihr nicht immer nur Freude bereitet hat. Also kein einfacher »Job«, wenn man denn eine solche Lebensaufgabe so flapsig-modern bezeichnen will.

Eine Verantwortung, für die sie alles andere als gut ausgebildet und vorbereitet wurde. Die sie aber – so räumen es auch die vehementesten Kritiker der Monarchie ein – brillant gemeistert hat.

Ihr Vater kam als Zweitgeborener erst gar nicht für den Thron infrage. Aber dann spielte das Schicksal zweimal

Roulette in »Lilibeths« Leben: Erst dankte der Onkel wegen einer zweimal geschiedenen Amerikanerin ab. Ihr geliebter Vater Bertie wurde König George VI. Von da an war der 12-Jährigen klar: Als Erstgeborene würde sie ihm auf dem Thron folgen. Das schien aber noch in weiter Ferne. Doch wieder schlug das Schicksal zu: Auf einer fröhlichen Reise nach Australien und Neuseeland mit ihrem Mann Prinz Philipp erfuhr die damals 25-jährige Prinzessin auf einem Zwischenstopp in Kenia vom Tod des Vaters. Sie kehrte als neue Königin zurück. Zelebrierte nach dem angemessenen Trauerjahr eine Krönung, die zum ersten Mal vom Fernsehen in alle Welt übertragen wurde: 20 Millionen Menschen erleben die strahlend-schöne Königin in Westminster Abbey.

Die geladenen Gäste mussten damals am 2. Juni 1953 schon Stunden vor der Zeremonie in der Abtei warten. »Sie hatten sich Sandwiches unter den Adelskronen versteckt«, berichtet Sir Edward Ford, damals Privatsekretär der Königin. Bei der Liveübertragung waren der BBC Nahaufnahmen der Königin verboten worden. Ein eigens dafür eingesetzter Zensor sollte sie verhindern. Ben Shaw erinnert sich noch heute: »Sie kam den Kirchengang herunter, kam näher und näher, sie war hinreißend schön – unter keinen Umständen hätte ich den Zensorknopf gedrückt ...« So haben die Menschen in aller Welt die frisch gekrönte Königin ganz nah erleben dürfen.

Nach heutigen Maßstäben war Elizabeths Vorbereitung auf ihre große Lebensaufgabe eher altmodisch und begrenzt. Sie besuchte weder eine Schule noch eine Universität, erhielt Privatunterricht von einem ehemaligen

Eton-Professor in englischer Geschichte und Verfassung. Dazu lernte sie Französisch, was ihr bis heute bei ihren internationalen Auftritten sowohl in Frankreich als auch in Afrika Sympathien brachte.

Ihr Vater, der König, gab ihr früh alle innen- und außenpolitischen Dokumente zu lesen. Denn er ahnte wohl seinen frühen Tod. Die Ärzte hatten dem Kettenraucher bereits einen Lungenflügel entfernt.

Aber schon als Kind und später als junges Mädchen zog es Elisabeth hinaus in die Natur, zu ihren Corgies – den königlichen Hunden – und den Pferden. Das hat sich bis heute nicht geändert.

Wenn sie trotzdem ihre Aufgabe fünfzig Jahre diszipliniert und engagiert ausfüllte, so wohl auch aufgrund ihres unglaublich ausgeprägten Pflichtbewusstseins.

Kurz vor dem Thronjubiläum bat Premierminister Tony Blair seine Königin und die vier noch lebenden Vorgänger Baroness Margaret Thatcher, Edward Heath, John Major und James Callaghan zum Dinner in Downing Street Number 10. Damit beginnen rein formell die Feierlichkeiten zum Golden Jubilee. Insgesamt hat die Königin zehn Premierminister erlebt. Und in diesem Haus mit ihnen diniert. 1955 zum ersten Mal, als der väterliche Freund und Premierminister ihres Vaters, Winston Churchill, aus Gesundheitsgründen zurücktrat. Später schrieb sie ihm immer wieder, wie sehr sie ihn vermisse. Bis zum Rücktritt Harold MacMillans besaß die Königin das Recht, den Premierminister zu bestimmen. Natürlich geschah das immer in Absprache mit den regierenden Parteien. Darüber hinaus muss sie jede Woche von ihren Premierministern umfassend über innen- und außenpolitische

Vorgänge informiert werden. Das sind »off the records«-Gespräche, die beiden sitzen sich allein im Buckingham Palace gegenüber, keiner schreibt mit, kein Band läuft. Der frühere Bundespräsident Roman Herzog erzählt: »Ich hätte bei ihr nicht Premierminister sein mögen. Sie hat immer die richtigen Fragen gestellt, sie wusste Bescheid. Und ich weiß noch aus meiner Amtszeit, was man in solchen Hintergrundgesprächen bewirken kann.«

Für Beobachter erstaunlich, schien die Königin ihr ganzes Leben lang stets mit den Labour-Premierministern die bessere, engere Beziehung zu verbinden. Da durften manche nach den Dienstags-Meetings zum Drink bleiben. Wie Sir Anthony Eden. Andere wurden nie eingeladen. Wie die spätere Baroness Thatcher. In den elf Jahren Thatcherismus sprach die Königin beispiellos offen über ihr Missfallen an der Politik der konservativen Dame. Sie spalte die Nation, sei den Menschen gegenüber gleichgültig, durften Palast-Kenner in den britischen Zeitungen die Queen zitieren. Lord St. John of Fawesly erinnert sich noch heute der besonderen Beziehung der beiden Damen: »Mrs Thatcher hatte die Angewohnheit, öfters in Gegenwart der Königin ohnmächtig zu werden. Beim zweiten Mal sagte die Königin: Oh, sie kippt mal wieder um ...« Das ist sicher eine lustige Beobachtung, aber kaum ein Beweis für irgendeine Besorgnis, die auf eine nahe Beziehung deuten würde.

Dabei beherrschte keine den Hofknicks so perfekt wie die Premierministerin. Das half dann vielleicht nach ihrem Rücktritt: Die Königin erhob Margaret Thatcher in den Adelsstand. Außerdem wurde sie in den ehrenwerten königlichen Orden der Garter aufgenommen.

Ihre Rolle als Oberhaupt des Commonwealth nimmt Elizabeth II. genauso wichtig wie ihre Stellung als Königin von Großbritannien. Auch wenn das Commonwealth längst geschrumpft ist, sind heute alle 54 Staaten von Ghana bis Kanada gleichberechtigt mit dem Vereinigten Königreich. So ist Elizabeth damit auch deren Königin. Und sie mischt sich ein. Nicht offen, sondern hinter den Kulissen. Zum Beispiel, als es in diesem Jahr auf der Commonwealth-Konferenz in Australien um den Ausschluss Zimbabwes geht. Der Commonwealth-Generalsekretär Sir Shridath Ramphal weiß: »Die Königin war involviert. Was sie vor allem tut, ist, einen Weg finden, die Differenzen im Konsens zu beseitigen.« *Denn erst hatten die Mitglieder ja gegen den Ausschluss Zimbabwes gestimmt, nach den Wahlen dann das Land unter Präsident Mugabe doch für ein Jahr aus ihrem Verbund eliminiert.*

Nebel im Kanal – der Kontinent ist abgeschnitten. Diese britische Sichtweise auf Europa wird nicht von der Königin geteilt. Mag es an ihrem perfekten Französisch liegen, an ihrem Mann Prinz Philipp, der die wichtigsten Studienjahre in Paris verbracht hatte – sie jedenfalls liebt Frankreich. Hat darum auch immer den Bau des Kanaltunnels unterstützt. Reiste bewusst 1992, drei Jahre nach dem Mauerfall, in das einst von britischen Bombern zerstörte Dresden. Schenkt als versöhnende Geste später der Frauenkirche ein neues barockes Kuppelkreuz, finanziert von privaten Spendern und aus ihrer eigenen Schatulle. »Wir können«, *wird sie später sagen,* »nicht mit Symbolen allein zufrieden sein; Deutschland und Großbritannien teilen die Vorliebe zum Pragmatischen, Bodenständigen.«

Damit hat sie wohl auch sich selbst beschrieben. Genauso übt sie ihr Amt aus, als Oberhaupt der anglikanischen Kirche oder als Chefin der britischen Armee.

Zur Kirche geht sie jeden Sonntag. Eisern, wie schon ihre Mutter. Egal wo, auf der Yacht Britannia genauso wie auf großen Reisen. Ihre Einstellung zum Thema Scheidung teilt sie mit dem katholischen Papst. Umso bitterer müssen für sie die Scheidungen von dreien ihrer vier Kinder gewesen sein. »Der Glaube«, so gesteht sie einmal bei einer Weihnachtsansprache, »ist für mich von fundamentaler Bedeutung.« Die Ehe gilt ihr als ein unauflösbares Sakrament. Ihre Aufgabe als Oberhaupt beschränkt sie zwar auf die Ernennung der Erzbischöfe und Diözesanbischöfe auf Vorschlag des Premierministers. Aber nach fünfzig Jahren auf dem Thron beherrscht sie längst auch hier alle Tricks und Rankünen. Schlägt einfach einen Namen nicht vor, wenn er ihr denn nicht genehm ist. Oder zögert so lange, bis der Premierminister bei ihr zum Wochentermin mit einem neuen Namen auftaucht. Darüber wird dann aber immer nur hinter vorgehaltener Hand gesprochen.

Die Militärs scheinen weniger Probleme mit einer Königin als ihrem Oberhaupt zu haben. »Wir schauen auf zu ihr, als dem Staatschef, dem wir ergeben sind«, erklärt Lord Guthrie of Craigiebank, der Chef der Armee von 1997 bis 2001. Unter ihrer Regentschaft ist Großbritannien zu einem militärischen Schwergewicht geworden. 25 Milliarden Pfund, das sind 38 Milliarden Euro, wurden in den letzten 25 Jahren in die Rüstung gesteckt. Als sie 1982 gar ihren eigenen Sohn Andrew als Hubschrauberpilot bei den Marines in den Falklandkrieg ziehen ließ, hatte sie endgültig die Herzen aller Soldaten gewonnen. Die ihr einmal im Jahr im Juni zum Geburtstag mit der berühmten Parade »Trooping the Colour« die Ehre erweisen. Was so viel heißt wie: Präsentiert die Fahne.

Viel wird gerade in diesen Wochen diskutiert über einen Fortbestand der Monarchie. Wer aber je an einer Zukunft gezweifelt hat, wurde beim Tod der Königinmutter eines Besseren belehrt: 650 000 trauernde Briten standen bis zu acht Stunden in einer Schlange, um der beliebtesten Großmutter des Landes in Westminster Chapel die letzte Ehre zu erweisen. Nannten die Umfragen vor ihrem Tod 30 Prozent Anhänger der Monarchie, stieg die Zustimmung zur britischen Monarchie nach den neun Tagen der Trauer auf 57 Prozent an. Auch die eindrucksvolle zwanzigminütige Totenwache der Prinzen Charles, Andrew, Edward und von Viscount Linley bestärkte die Briten in ihrer Zustimmung zum Königshaus.

Dass Camilla Parker-Bowles, die Lebensgefährtin des Prinzen Charles, sowohl bei der Trauerfeier als auch beim Gedenkgottesdienst für Margaret geladen war, irritierte dagegen doch einige. Charles als König mit Camilla an seiner Seite gefällt ihnen nicht, den traditionsbewussten Bürgern auf der Insel. Aber die 76-jährige Königin Elizabeth ritt in diesen Tagen allmorgendlich mit ihrer Tochter Anne in Schloss Windsor aus. So demonstrierte sie damit auf eindrucksvolle Weise ihre Fitness. Und ihren unveränderten Willen, auf dem Thron zu bleiben.

Jetzt aber wird erst mal im Sommer gefeiert. Landauf, landab. Mit den Menschen, so will es die Königin. Um ihnen für ihre Gefolgschaft zu danken. Dafür gibt es sogar zwei freie Tage. Bank Holidays, so heißt das in Großbritannien. Denn die sind hier karg gesät – im Vergleich zu Deutschland.

Neben den Tageszeitungen und Wochenzeitschriften, die jetzt die aktuellsten Berichte von der königlichen Front haben wollen, hat mich auch Johannes B. Kerner vor dem viertägigen Golden Jubilee als Studiogast zu sich nach Hamburg in seine Sendung eingeladen. Sein Thema: Brauchen wir die Royals noch? Was halten die Briten von ihrer Königin und der ganzen Familie? Und vor allem: Was berichten wir wann im ZDF? Aber dann kommt er in dem 15-minütigen Gespräch – eine lange Strecke im Fernsehgeschäft – auf meinen letzten Besuch bei ihm in der Sendung zu sprechen. Das war zum Ende des Ombudsmagazins »Mit mir nicht! – Welsers Fälle« und vor dem Start in London als Studioleiterin gewesen. Es ging um Neuanfang, um Chancen im beruflichen Leben. Es machte Spaß, bei »Kerner« Gast zu sein. Aber damals blinzelten meine Augen wie wild; noch in der Maske hatte ich mir dreimal Augentropfen eingeträufelt. Als ich mir später die Sendung ansah, schämte ich mich zutiefst. Zudem später meine Freunde in Hamburg, bei denen wir uns die Show anschauten, mitfühlend fragten: »Hast du sehr viel Stress zurzeit?«

Diesmal merke ich schon, dass mich Johannes B. Kerner immer wieder länger kritisch ansieht und dann feststellt: »Ihre Augen blinzeln gar nicht mehr, Sie kneifen sie ja nicht mehr zusammen. Was war bei Ihrem letzten Besuch bei mir los?«

Mir schießt das Blut in die Wangen. Ich hole erst mal Luft. Obwohl schon im Vorgespräch mit seinem Redakteur besprochen worden war, dass der Moderator darüber reden wollte.

Aber zwischen Ansinnen und der Realität ist dann doch noch ein Unterschied. So gebe ich mir einen Ruck und erzähle alles, was ich zu diesem Zeitpunkt über meinen Blepharospasmus weiß. Dass es eine Dystonie ist und angeblich unheilbar. Dass einige Wissenschaftler einen genetischen Defekt im Gehirn vermuten, andere von einer Fehlschaltung sprechen. Dass das Ganze jedenfalls kein psychischer Tic sei, sondern eine richtige Erkrankung. Und dass mir jetzt endlich – nach langer Recherche – das Nahrungsmittelgift Botulinumtoxin hilft. Mit feinen Nadeln rund um die Augen und in die Augenlider gespritzt. Johannes B. Kerner kann auch in diesem für mich nicht einfachen Gespräch gut zuhören und einfühlsame Fragen an der richtigen Stelle stellen. Er hat es mir leicht gemacht, öffentlich darüber zu sprechen. So habe ich ihm gern alles beantwortet. Auch wenn es sehr persönlich war.

Als ich am nächsten Morgen mit dem ersten Flugzeug aus Hamburg über den Kanal fliege, ahne ich nicht, dass jetzt schon Hunderte von Zuschauern beim ZDF angerufen haben. Nach meiner E-Mail-Adresse fragen und nach der Deutschen Dystonie Gesellschaft. Menschen, die allesamt auch an Dystonie leiden. Die – wie ich zu Beginn – nicht weiterwissen und sich hilflos und verzweifelt zu Hause vergraben. Die Klicks auf der Website der Deutschen Dystonie Gesellschaft klettern in den Tagen nach der Sendung auf 25 000 an. Didi Jackson schickt mir eine begeisterte Mail. Ich kann leider nur kurz antworten. Denn bei uns beginnt das Golden Jubilee der Königin. Vier Tage Feste, Feiern, Feuerwerke. Und alles live im ZDF. Aber nicht nur im ZDF, ich muss schon ehrlich sein. Nein – die ganze Welt überträgt aus London.

Als hätte die Königin mit dem britischen Wettergott ein Abkommen getroffen, strahlt rechtzeitig zum großen Ereignis über ganz London ein frühsommerlich blauer Himmel. Sicher, mit den üblichen kühlen Abendwinden. Aber wenigstens kein Regen. Vier Tage wird jetzt gefeiert: am Samstag als Auftakt mit einem Klassik-Konzert in Buckingham Garden. 12000 britische Bürger sind geladen, hatten per Losverfahren eine Karte gewonnen. Wir zeichnen dieses musikalische Highlight »live on tape« auf, um es am Sonntag zeitversetzt zu senden.

Auf riesigen Leinwänden können alle anderen – und es sind Tausende – das Konzert im Green Park, im Hyde Park und im St. James's Park verfolgen: bewegend Dame Kiri te Kanawa mit »Summertime«, Angela Gheorghiu und Roberto Alagna mit ihren Liebes-Duetten. Dazu eine sichtlich fröhliche Königin in der Ehrenloge und zum ersten Mal auch Camilla Parker-Bowles, die langjährige Geliebte von Prinz Charles. Zwar nur in den hinteren Reihen, aber immerhin. Da hören schon manche Journalisten die Hochzeitsglocken im nächsten Jahr läuten.

Zwei Tage später ist Camilla auch beim Popkonzert in Buckingham Garden wieder dabei. Die geschickte Strategie der PR-Maschinerie ist erfolgreich. Die Menschen gewöhnen sich schnell an ihre Präsenz. Diana scheint vergessen. Keine fünf Jahre ist es her, dass ihr Tod die Briten aufgewühlt hat. Aber so schnell dreht sich das Rad.

Diesmal kommt die Königin erst ganz zum Schluss. Pop ist eben doch nicht so ihr Ding. Dafür umso mehr das ihrer Enkel, der Prinzen William und Harry. Als Prinz Charles dann am Ende des Konzertes noch eine Rede auf seine Mutter, die Königin, hält und sie ganz unkonventionell anspricht mit den Worten »Your Majesty ... Mummy ...«, fliegen ihm die Herzen der Briten nur so zu. So viel Sympathie nach all den Jahren der Schmach – das hat sich wohl auch keiner der Organisatoren in diesem Ausmaß erhofft. Ein fulminantes Feuerwerk über London beendet diesen dritten Tag.

Am nächsten Morgen läutet der Wecker um fünf Uhr. Um acht Uhr britischer Zeit – neun Uhr deutscher – beginnt unsere Liveübertragung. Bis 19.15 Uhr (20.15 Uhr deutscher Zeit). Mit einer zweistündigen Unterbrechung mittags – für die Fußball-Weltmeisterschaft. Wahrlich ein Mammut-Unternehmen. Für alle Beteiligten, nicht nur für die Kommentatoren und Reporter.

Dafür sind zu unseren 25 Männern und Frauen des Londoner Studios noch 67 Kollegen aus Mainz angereist. Die Übertragungswagen sind nach zwei Sporteinsätzen samt Besatzung ohne Pause gleich weiter von Deutschland nach London gefahren. Keiner hat das Wort »Überstunde« auch nur in den Mund genommen. Alle ziehen am gleichen Strang. Ein gutes Gefühl.

Es sollte eine beeindruckende Sendung werden. Mit unvergesslichen Bildern. Perfekt organisiert das Ganze von einem ehemaligen britischen Militär. Könnten sie doch nur ihre U-Bahnen, Busse und Züge, das britische Gesundheitswesen und den Autoverkehr ebenso brillant organisieren ... Millionen Briten gehen am Ende dieses Jubilee-Tages geordnet und ruhig auf das Victoria Memorial am Ende der Mall zu, drängen langsam nach zum Buckingham-Palast. Auf dem berühmten Balkon winkt eine sichtlich gerührte Königin den Menschenmassen zu. Bilder, die uns allen in Erinnerung bleiben werden.

Unvergessen die strahlende, entspannte und herzliche Königin. Ihr persönlicher Wunsch, diesen 50. Jahrestag ihrer Krönung mit den Bürgern und nicht mit anderen gekrönten Häuptern aus aller Welt zu feiern, ist in Erfüllung gegangen.

Erschöpft und glücklich wandern Susanne, meine Maskenbildnerin aus München, und ich, nach neuneinhalb Stunden Live-Berichterstattung durch den Green Park in Richtung Taxi. Jetzt, nur eine Stunde nach dem großartigen Ende, sind die Menschen wie vom Erdboden verschluckt; nur Berge von Müll zeugen noch von dem Mammut-Ereignis. Wir leisten uns ein Abendessen im Restaurant des Ritz. Erstens, weil im Augenblick noch alle Straßen gesperrt sind und sowieso kein Taxi durchkommt. Zweitens, weil wir der Überzeugung sind, uns dies verdient zu haben. Über den Preis dieses »Nach-Sendungs-Dinners« schweige ich dezent.

Erschöpft lassen wir uns in die edlen Fauteuils fallen. Dürfen, bevor wir an den Tisch geleitet werden, schon in der Speisekarte schmökern. Nach so einem Riesenereignis ist die Erleichterung groß. Alles ist tatsächlich glatt gegangen. Noch gestern Mittag bangten wir, ob der dritte Übertragungswagen rechtzeitig in London mit der Fähre ankommen würde. Der musste nämlich noch ein Fußballspiel übertragen, bevor die ganze Mannschaft sich auf den Weg nach Großbritannien machen konnte.

Dass alle »Schalten« funktionierten … ist auch nicht selbstverständlich. Wie oft erlebt man als Zuschauer, dass ein Moderator erst mit Verve zum Kollegen Soundso schaltet, dann merkt, dass es nicht klappt, und ein wenig hilflos zum nächsten Thema übergeht oder zu einem anderen Liveort schaltet. Alle drei Reporter, Nina Ruge, Christian Sievers und Andreas Klinner, waren samt Kameramann stets zur Stelle, wenn sie angesprochen wurden. Und ihre Schilderungen und Gesprächspartner waren echte Highlights für die Sendung. Auch unsere Interviewgäste im provisorischen Studio am Buckingham-Palast erwiesen sich als Glücksgriffe. Stets wussten sie noch etwas Interessantes, Neues zu berichten. Selbst mir als Korrespondentin, die ich wochenlang nichts anderes als »Royals« gelesen hatte, war noch so vieles unbekannt.

Jetzt wollen wir alle erst mal ausschlafen, nach diesen vier Tagen Dauereinsatz hinter und vor den Kameras. Meine Augen haben die ganze Zeit nicht geblinzelt – Botulinumtoxin sei Dank. Alles weitere – später.

22. Kapitel

HUNDERTE VON BRIEFEN, FAXEN, E-MAILS

Über das Golden Jubilee habe ich meinen Auftritt bei Kerner ganz vergessen. Jetzt, nach vier Tagen Dauereinsatz, sehe ich verwundert die Briefstapel auf meinem Schreibtisch. Auch mein elektronischer Briefkasten ist schon längst voll. Und Simone, die die Sekretariatsarbeiten erledigt, bringt mir Tag für Tag neue Briefe und Faxe von Zuschauern. Nie hätte ich gedacht, dass Dystonie so viele Menschen betrifft. Dass so viele Menschen ihr hilflos gegenüberstehen. Und dass anscheinend auch viele Ärzte damit nicht umgehen können. Dass manche zum Teil gar nicht wissen, an was ihre Patientin oder ihr Patient tatsächlich leidet. Viel zu oft noch müssen sich diese armen Menschen dann anhören, dass das vermutlich ein psychischer Defekt sei, ein Tic, den nur ein Psychologe reparieren könne. Hier einige Ausschnitte der Briefe, die mich in dieser Zeit im Studio London erreichten:

Mit Interesse habe ich Ihre Anwesenheit bei Herrn Kerner verfolgt, da ich an denselben Symptomen leide, aber viel schlimmer, weil bei mir die ganze Gesichtshälfte betroffen ist (krampfartige Zuckungen). So wie Ihnen konnte mir bis jetzt kein Arzt helfen. Wie Sie sicher verstehen, ist mein Leidens-

druck sehr groß. Ich habe bereits einige Ärzte und Professoren konsultiert, jedoch ohne Erfolg. Auch Botoxspritzen haben nichts geholfen. Da Sie mehr Möglichkeiten haben, die Behandlungsmöglichkeiten weltweit zu recherchieren, bitte ich Sie sehr herzlich, wenn Sie jemand wissen, der sich mit dem oben angeführten Problem befasst, mir Informationen zukommen zu lassen.
Mit freundlichen Grüßen
Herta A. aus Frankfurt/Main

Durch Zufall schaltete ich in die laufende Sendung von Kerner. Ich hörte von einer eigenartigen Augenkrankheit, die Sie befallen hat. Ihre Schilderung traf mich wie ein Hammerschlag. Schlage ich mich wortwörtlich seit etwa zehn Jahren – ich bin jetzt 60 Jahre alt – mit den gleichen Symptomen herum. Was habe ich alles versucht – es lässt sich nicht in ein paar Zeilen schildern. Kein Arzt konnte mit diesen Beschwerden etwas anfangen. Zum Schluss haben sie die Psyche für alles verantwortlich gemacht. In einer Hinsicht stimmt es. Von diesem ganzen Elend bin ich fertig. Die ständigen Augenbewegungen verursachen Schwindel, Übelkeit, Schweißausbrüche, und dann habe ich dadurch auch noch Verdauungsprobleme. Zeitweise drückt etwas meine Augen herunter, ich kann sie nicht richtig öffnen. Ständiges Zucken, wie Herzschlag in den Augen. Es wirft mich total aus dem Gleichgewicht. Sie, Frau von Welser, haben Hilfe bekommen. Aber welcher Neurologe kennt sich aus? Können Sie mir Auskunft geben? Für meine Dankbarkeit gäbe es keinen Ausdruck. Ich bin sonst gesund, habe eine gute Partnerschaft (42 Jahre) und könnte ein gutes Leben haben, wenn nicht ...
Erika H. aus Lingen/Ems

Es begann vor vier Jahren mit den Augen. Ich hatte sehr trockene Augen und musste immer blinzeln. Der Augenarzt konnte nichts finden und schickte mich zum Internisten. Der fand auch nichts, und somit war die nächste Stelle der Neurologe. Inzwischen hatte ich auch Eheprobleme, und damit stand für die Ärzte fest, dass meine Erkrankung psychisch sei. Inzwischen zog sich mittlerweile mein Kopf nach vorne, was zur Diagnose führte: Ich stecke den Kopf in den Sand und verschließe vor meinen Problemen die Augen.

Ihre Schilderung kam mir sehr bekannt vor. Jetzt bekomme ich Botulinumtoxin und habe meine Lebensqualität wieder.

Vielen Dank, dass Sie öffentlich darüber gesprochen haben.

Ihre Waltraud A. aus Stuttgart

Nach einer fünfjährigen, nervenzerfetzenden Odyssee von Arzt zu Arzt bin in vor drei Jahren in der Uni-Augenklinik Münster gelandet, wo man endlich meine Sehbeschwerden als Blepharospasmus erkannte und mit der Botox-Behandlung begann. Seit meinem letzten Erstattungsantrag für die Botox-Kosten verweigert mir meine private Krankenkasse die 40-prozentige Kostenübernahme mit der Begründung, Botox würde überwiegend für Schönheitskorrekturen im Gesichtsbereich angewendet, was natürlich nicht erstattungsfähig sei. Auf meinen Hinweis, dass die Diagnose klar und deutlich »Blepharospasmus« sei, sagte die Sachbearbeiterin schnippisch, das sei auch nichts anderes. In ihrem Fachbuch stünde »Blepharospasmus äußert sich durch Augenzucken und -blinzeln«. Sie fügte noch hinzu: »Wem zuckt nicht schon mal das Auge, und blinzeln tun wir doch alle, dafür muss man sich ja wohl nicht einer so teuren und ganz zufällig auch schönheitskorrigierenden Behandlung unterziehen.«

*Können Sie sich vorstellen, dass ich dieser Frau durch die
Telefonleitung am liebsten an die Gurgel gegangen wäre?
Viele Grüße
Ihre Renate M. aus Nottuln*

*Ich war selbst fünf Jahre wegen einer chronischen Erkrankung stark beeinträchtigt und möchte Ihnen darum eine neue Therapieform für chronische Krankheiten empfehlen, die CRN, Causal-Regulative-Neural-Therapie. Anbei sende ich Ihnen ein Informationsblatt, in dem die Möglichkeiten von ursächlicher Heilung erläutert werden.
Ihre Monika L. aus Lübeck*

Ich leide an demselben Augenleiden. Weil ich darüber mehr wissen wollte, habe ich im Internet nachgeschaut und entdeckt, dass darüber in Bonn, Barcelona und Würzburg geforscht wird. Ich bekomme regelmäßig eine Zeitschrift aus Amerika zugeschickt. Dort ist man schon sehr weit. Vor allem Selbsthilfegruppen sind sehr aktiv. Sicher interessiert Sie dieser Artikel über die möglichen Nebenwirkungen von Botulinumtoxin.

*Ich hoffe sehr, dass Sie diese interessanten Blepharospasmus-Informationen auch an andere Betroffene weitergeben können.
Viele Grüße
Ihre Luise G. aus Würzburg*

Das alles sind nur Ausschnitte, ein kleiner Überblick über die unglaubliche Woge an Mitgefühl, Hilfsbereitschaft und konkreten Vorschlägen, um mit Blepharospasmus umzugehen. Auch der Ausschnitt aus der amerikanischen Selbsthilfegruppen-Zeitschrift über die Nebenwirkungen von Botulinumtoxin hat mir sehr weitergeholfen. Und viele noch offene Fragen beantwortet. So komprimiert hatte ich das in deutschen Fachblättern noch nicht gefunden. Jetzt bin ich schon sehr gespannt auf die Tagung der Deutschen Dystonie Gesellschaft in Düsseldorf. 500 Patienten haben sich angesagt, dazu über 30 Fachärzte, aber auch Vertreter von Krankenkassen, dem Medizinischen Dienst und der Bundesanstalt für Arbeit. Wichtige Organisationen, wie ich inzwischen aus den Briefen der Betroffenen weiß. Denn viele Dystoniepatienten sind nicht mehr arbeitsfähig. Damit man sie nicht abschiebt in die Psycho-Ecke, bedarf es noch intensiver medizinischer Aufklärung.

Auch deshalb werde ich auf der Tagung reden. Um all den Patienten Mut zu machen. Mut weiterzuleben, nicht aufzugeben, wenn man an einer Dystonie erkrankt. Für den nächsten Sonntag schreibe ich mir »Vortrag« in meinen Terminkalender. Es wird sowieso wieder regnen, wie an den letzten Sonntagen. So verpasse ich nichts, wenn ich zu Hause an meinem Schreibtisch sitze und alles, was ich in den letzten zwei Jahren geschrieben habe, zusammentrage.

Eines wird mir schon beim Überfliegen der Seiten klar: Das Leben rast, so vieles habe ich schon wieder völlig vergessen ...

23. Kapitel

500 DYSTONIEPATIENTEN

Dreißig Minuten soll er werden, der Vortrag vor den 500 Dystoniepatienten. Das sind 15 Manuskriptseiten. Der Anfang fällt mir schwer; zum ersten Mal schreibe ich in Worten nieder, was mich seit zwei Jahren im Kopf, in der Seele so beschäftigt, bewegt, ja ängstigt. Aber dann fließen die Gedanken, am Abend lese ich, wie meist, meinem Mann alles vor. Keiner ist klarer, kritischer, aber auch voll echten Lobes, wenn ihm etwas gefällt. Er meint zum Schluss, nach einer Pause: »Das habe ich alles gar nicht mehr so genau in Erinnerung gehabt, was da alles passiert ist. Es ist sicher gut, dass du mit deiner Geschichte anderen Mut machst ...«

Mit meinem ausgedruckten Manuskript fliege ich an einem Freitagnachmittag nach Düsseldorf. Es ist Hochsommer am Rhein, die Stadt voller Heiterkeit. Ich freue mich immer, wenn ich in Deutschland bin. Jetzt bin ich gespannt, auf die Menschen und ihre Geschichten. In der Hotelhalle begegnen mir zwei Dystoniepatienten im Rollstuhl, die Arme wie künstlich verrenkt, der Hals gebogen. Mein Magen zieht sich zusammen. Ich habe zwar in der Vorbereitung auf die Podiumsdiskussion auf der Tagung viel über Dystonien und deren

Auswirkungen gelesen. Aber das alles in Menschengestalt vor sich zu sehen, ist immer noch etwas anderes. Ein wenig verloren und erschreckt stehe ich in der Hotelhalle, als die Präsidentin der Dystoniegesellschaft auf mich zueilt. Didi Jackson, die kleine, zierliche, aber höchst energische Person strahlt mich an und scheint sich wirklich zu freuen, dass ich gekommen bin. »Wir sind schon alle sehr gespannt auf Ihren Vortrag, Sie glauben gar nicht, wie verzweifelt die meisten Patienten sind. Weil sie sich so allein gelassen fühlen … Aber jetzt packen Sie erst mal aus, in einer halben Stunde treffen wir uns zum Abendessen mit den anderen Referenten der Tagung und den Sponsoren aus der Pharmaindustrie«, informiert sie mich und ist schon wieder unterwegs.

Referenten- und Sponsorentreffen. Na, »Schaun mer mal!«. Sehr schnell stellt sich heraus, dass die Sponsoren aus der Pharmaindustrie fast alle Botulinumtoxin herstellen. Ein Milliardenmarkt. Vor allem wegen der Dystoniepatienten. Ich frage immer wieder nach, wie es um die Grundlagenforschung stehe, warum bis jetzt keiner herausfinden will, warum ein Mensch an einer Dystonie erkrankt? Sowohl die Professoren in der Runde als auch die Pharmavertreter stimmen mir zu, dass da endlich etwas geschehen müsse. Eine solche Forschung sei dringend nötig. Die Gelder dafür? Die müsste jemand irgendwie sammeln, dann beim Bundesamt für Arzneimittelforschung in Heidelberg einen Antrag stellen. Ich mag nicht locker lassen, will es genau wissen, wie viel Geld dafür benötigt wird, wer bereit wäre zu spenden – aber irgendwie habe ich das ungute Gefühl, dass keiner wirklich mitzieht. Die Pharmaindustrie kann ich ja noch verstehen – warum sollen die ein Projekt unterstützten, das womöglich ihre Umsätze von Botulinumtoxin drastisch reduziert? Aber die hochkarätigen Neurologen, die allesamt am Tisch versammelt sind – die müssten doch ein echtes Interesse haben? Ich nehme mir vor, diese Frage vor allen Tagungsteilnehmern während der Podiumsdiskussion noch einmal zu stellen.

Am nächsten Tag dann die offizielle Eröffnung. Ich bin erstaunt, wie viele Dystoniepatienten sich hier versammelt haben. Ein Mitarbeiter der Deutschen Dystonie Gesellschaft spricht mich an, seine Augen versteckt hinter einer dunklen Brille. Seit zwanzig Jahren leidet er an Blepharospasmus. »Ich kann leider gar nicht mehr lesen, auch nicht fernsehen.« Dafür lebt er jetzt mit dem Radio, das sei seine wichtigste Quelle. Nicht nur, um informiert zu sein, sondern um überhaupt am Leben teilnehmen zu können.

Eine andere, jüngere Frau kommt auf mich zu, als ich in den Kongresssaal gehen will. Sie leidet sichtbar an Torticollis, am Schiefhals. Aber sie hat ein liebenswürdiges Lächeln; ich bleibe stehen und höre wieder einen kurzen, bewegenden Ausschnitt aus dem Leben einer Patientin:
»Medikamente sind bei mir völlig erfolglos, Krankengymnastik hilft nur kurzzeitig, und auf die zuerst gut wirkenden Botox-Injektionen habe ich Antikörper entwickelt. Jetzt will ich mich hier auf dieser Tagung mal informieren, ob man den Schiefhals nicht auch operieren kann. In Günzburg sollen da gute Ergebnisse erzielt werden. Können Sie mal mit dem Professor sprechen und einen Kontakt herstellen?«
Ich verspreche es, und dann begrüßt auch schon die Bürgermeisterin der Stadt Düsseldorf die Teilnehmer in einem bis auf den letzten Platz gefüllten Saal. Die folgenden Vorträge sind spannend und bieten viele neue Erkenntnisse und Informationen.

Nach der Kaffeepause bin ich dran. Eigentlich bin ich es ja gewohnt, vor der Kamera zu sprechen, habe schon viele Vorträge gehalten. Doch diesmal geht es um etwas sehr Persönliches, ja Privates – um meine eigene Erkrankung. Tief Luft holen, sage ich mir. Und beginne:

Wir haben heute Vormittag sehr viel Interessantes gehört:
Dass Dystonie eine große Unbekannte ist.
Dass Dystonie nach körperlichen und seelischen Verletzungen auftreten kann.
Welche Fortschritte es durch Tiefenhirnstimulation geben kann und jetzt gerade noch: welche Rolle die Psyche spielt.
Über all diese Sachen habe ich mir auch seit letztem Sommer Gedanken gemacht. Seitdem endgültig feststeht, dass ich an einer Dystonie leide, genauer an Blepharospasmus.
Und ich verstehe die Einladung hierher auf das Podium Ihrer Jahrestagung auch, dass Sie meine Geschichte erfahren möchten, jedenfalls hat mich Didi Jackson als Präsidentin der Gesellschaft dazu ermutigt.

In den folgenden Minuten erzähle ich meine ganze Krankheitsgeschichte, aber auch viel aus meinem beruflichen und privaten Leben. Weil eben doch alles zusammengehört.

Darum auch die Erkenntnis zum Schluss, dass doch viele Fragen offen bleiben: »Zum Beispiel unverändert: Ist Botox – ein Gift – die einzige Lösung? Mehr denn je beschäftigt mich die psychologische Seite dieser Krankheit. Shiatsu, die japanische Form der Akupunktur, bringt ganz sicher große Ruhe in mein Leben. Auch gegen Ende der inzwischen dreimonatigen Spritzdekaden. Alkohol, das habe ich festgestellt, ist ganz schlecht. Entspannt nicht, wie man vermutet, sondern verstärkt das Blinzeln und Krampfen. Ich habe daraufhin in diesem Jahr das geliebte abendliche Rotweinglas ersatzlos gestrichen. Dass ich trotzdem noch Kopfschmerzattacken habe, führe ich auf die Hormone zurück und dass mein Körper irgendwie aus dem Tritt geraten ist, wo, an welcher Stelle, da bin ich noch am Suchen. Denn unverändert fühle ich mehr, als dass ich es weiß, dass alles mit allem zusammenhängt.

Pardon, meine Herren Neurologen. Botox hilft, ja, es rettet Tausende von Dystoniepatienten. Aber an die These der genetischen Vererbung mag ich nicht so glauben. Zu sehr habe ich am eigenen Leib erlebt, was Umweltfaktoren wie Stress und Druck, dramatische gesundheitliche Veränderungen wie die Einnahme von Hormonen nach Operationen, aber auch der harmonische Ausgleich aller Energien im Körper durch Shiatsu, Tai-Chi oder Chi-Gong bewirken.

Krankheit als Weg heißt ein Ihnen sicherlich allen bekanntes, wichtiges Buch. Ich verstehe das auch so.

Und höre nicht auf, den Dingen nachzuforschen, ihnen gar irgendwann auf den Grund zu kommen.

Herzlichen Dank,
dass Sie mir so lange zugehört haben.

Die Reaktionen der Patienten berühren mich sehr. Immer wieder höre ich: »Genau so war es bei mir auch. Ich habe vier Jahre gebraucht, bis mir ein Arzt sagte, dass ich Blepharospasmus habe; ich war so verzweifelt, meine Ehe ging darüber kaputt, mein Mann sagte immer, ich würde doch nur spinnen; auch mir haben die ersten Botulinumtoxinspritzen so wehgetan, erst in einer anderen Klinik war das besser, aber jetzt zahlt die Krankenkasse die Fahrten nicht dorthin …« und so weiter.

Am Nachmittag treffen sich dann die Tagungsteilnehmer zum Erfahrungsaustausch in Arbeitsgruppen. Jeweils drei, vier Fachärzte geben Auskunft, aber auch Vertreter der Krankenkassen und des Medizinischen Dienstes. Wie groß die Not der einzelnen Kranken wirklich ist – hier wird es mir endgültig klar. Wie viel mehr wissen wir alle über Parkinson oder Alzheimer. Die Dystonien sind größtenteils immer noch unbekanntes Terrain. Es steht zum Beispiel noch nicht einmal fest, wie viele Dystoniekranke es tatsächlich in Deutschland gibt. 80 000 wird als Zahl immer wieder genannt. Aber Neurologen sprechen auch von einer mindestens genauso großen Dunkelziffer, von Menschen, die wie ich am Anfang gar nicht wissen, dass sie eine Dystonie haben. Die sich schämen, mit einem Schreibkrampf in ihrer Hand zum Arzt zu gehen, die das Blinzeln und Blinkern ihrer Augen tatsächlich als Tick betrachten und Angst haben, in der Psychiatrie zu landen.

Dabei wäre es gerade für die Forschung so wichtig, genau zu wissen, wie viele Menschen daran leiden. Denn die Häufigkeit einer Erkrankung ist immer ein wesentliches Kriterium für die Verteilung von Geldmitteln im Gesundheitswesen.

Am Abend aber wird gefeiert. Didi Jackson hat es geschafft, unterstützt von ihrem rührigen Ehemann, alle 500 Dystoniepatienten samt der Referenten in Busse zu packen und in die Düsseldorfer Altstadt zu karren. Ein heißer Sommerabend am Rhein – das Altbier fließt in Strömen, und die Kranken vergessen für ein paar Stunden ihre eigenen Probleme. Hier begreife ich, dass es immer nur einige wenige Menschen sind, die mit ihrer Tatkraft, ihrem Engagement Großes auf den Weg bringen. Wie diese zierliche Didi Jackson, der Motor der Deutschen Dystonie Gesellschaft. Hut ab.

Am nächsten Vormittag treffen sich Neurologen, Vertreter der Bundesanstalt für Arbeit, vom Medizinischen Dienst und ein Facharzt für Psychosomatik zur abschließenden Podiumsdiskussion. Das Thema: »Mit Dystonie zur Behandlung in eine Psychosomatische Klinik«. Bei der Vorbereitung zu dieser Gesprächsrunde konnte ich immer wieder nachlesen, wie froh Ärzte und auch Patienten sind, endlich aus der Psycho-Ecke herausgefunden zu haben. Anerkannt zu werden als »richtig krank«. Jetzt bin ich gespannt, was die Teilnehmer auf dem Podium dazu berichten.

Einigkeit über eines gleich zu Beginn: Dystonie ist eine neurologische Erkrankung, bei der seelische Probleme eine Rolle spielen können. Auch fänden es viele wünschenswert, wenn Psychosomatische Kliniken mit Dystoniekranken besser umgehen könnten. Leider, das bemängeln alle auf dem Podium, gibt es bis jetzt nur wenige auf Dystonie spezialisierte Kliniken in Deutschland.
(Nähere Informationen dazu im Anhang.)

Dramatisch aber entwickelt sich die Diskussion, als der Vertreter des Medizinischen Dienstes zugeben muss, dass mancher der Gutachter von Dystonie wenig oder gar nichts versteht. Er schiebt den schwarzen Peter den Medizinern zu:
»Deshalb müssen die behandelnden Ärzte die Anträge exakter ausfüllen, die körperlichen Behinderungen genau schildern.«
Das erregt aber die Neurologen. Professor Wolfgang Jost von der Deutschen Klinik für Diagnostik in Wiesbaden kontert:
»Mitunter entscheidet ein Chirurg, der noch nie eine Dystonie gesehen hat, ob jemand in eine Psychosomatische

Klinik kommt, und auch dort versteht man die Krankheit nicht und sagt einem Blepharospasmuspatienten unter Umständen, er verschließe nur die Augen vor seinen Problemen ...«

Professor Dr. Frank Erbguth ist sowohl Leiter der Neurologie im Klinikum Nürnberg als auch Facharzt für Psychiatrie. Er bringt das Problem auf den Punkt:

»Nicht die Psychosomatik an sich ist das Problem, es ist auch egal, ob eine Rehaklinik einen solchen Namen trägt. Wichtig sind spezielle Therapieangebote für Dystoniebetroffene. In der Psychotherapie darf es dann nicht um die Aufarbeitung der Kindheit gehen, sondern um akute Fragen: Wie gehe ich mit der Krankheit um, was hat sie bei mir bewirkt?

Es wird in der Diskussion immer klarer: Die Hälfte aller Dystoniekranken hat Psychotherapiebedarf. Nicht, weil man damit die Dystonie heilen könnte, sondern weil es schwer ist, damit zu leben. »Die organische Benennung einer Krankheit nimmt dem Patienten eine Last ab, und psychische Aspekte von Krankheiten haben nichts mit Schuld oder einem Tick zu tun«, fasst es Professor Erbguth zusammen.

In den Gesprächen zwischen den Vorträgen klingt immer wieder durch, wie viel Not und Ärger die Kranken erleiden, weil sie mit ihren Anträgen bei der Bundesanstalt für Arbeit nicht weiterkommen. Manche glauben sogar, dass diese einfach nur beiseite gelegt werden. Professor Jost an die Adresse des BfA-Vertreters:

»Die Patienten fühlen sich wie auf einem Verschiebebahnhof von Amt zu Amt. Sie sind schwerst betroffen, haben Schmerzen und viele Probleme im täglichen Leben, und überall müssen sie betteln. Und dann wird ihnen gesagt, sie sollten doch probieren, mal wieder vier Stunden am Tag zu arbeiten. Und wenn der Patient dann Widerspruch einlegt, dauert es Jahre.«

Die Reaktion der Zuhörer zeigt, dass dies wirklich einer der wunden Punkte ist. Denn hier geht es um Anträge über den Grad der Behinderung, um Rentenanträge, es geht ums tägliche Überleben.

»Ich finde es total zynisch«, ergänzt Professor Erbguth, »dass Betroffene, die sich sehr lange im Berufsleben durchbeißen und kaum arbeitsunfähige Zeiten ansammeln bis zu dem Punkt, an dem sie wirklich nicht mehr können, besonders unter der mangelnden Flexibilität des Berentungsverfahrens leiden müssen. Da heißt es dann, der Antragsteller war ja fast nie arbeitsunfähig, wieso will der jetzt in Rente? Patienten, die sich häufig krankschreiben lassen, haben es da viel leichter …«

Nach zwei Tagen inmitten der Betroffenen steige ich bedrückt in das Flugzeug zurück nach London. Da gibt es noch viel zu tun, viel aufzuklären und anzuschieben. Auf der Tagung habe ich erfahren, dass Didi Jackson aufhören will. Verständlich nach so vielen langen Jahren. Aber für die Dystoniepatienten ist das sicher eine Entscheidung mit Folgen.

Denn auch international kennt man die quirlige Dame inzwischen schon gut. Sie hat die Deutsche Dystonie Gesellschaft mit den amerikanischen und europäischen Organisationen vernetzt. Ein Nachfolger muss da erst mal wieder viel Grabenarbeit leisten. Und Öffentlichkeitsarbeit. Damit mehr Menschen über Dystonien Bescheid wissen. Und damit auch mehr Gelder in die Forschung fließen. Wenn eine Dystonie schon nicht heilbar sein soll, so können durch mehr Wissen die Auswirkungen und Folgen auf alle Fälle verbessert werden. Dabei scheint mir der Bereich der Psychosomatik durch die Übermacht der Neurologen ganz unverdient in eine Ecke gedrückt. Ich für meinen Teil will die psychosomatische Komponente jedenfalls nicht übersehen. Der Münchner Kindertherapeut Curd Michael Hockel hat mir viel zu überzeugende Texte geschickt, als dass ich diese Erkenntnisse negieren könnte.

So formuliert er immer wieder, dass es bedeutsam sei, wie wir uns mit unserem Körper fühlen. Oder wie wir uns selbst annehmen. Es geht ihm um »echt sein« und einfühlen, um fördern und fordern und auch um unsere Gene. Was wir denn so von unseren Vorvätern alles mitbekommen haben – und wie wir letztlich damit umgehen. So scheint mir auch mein Umgang mit meiner Krankheit geprägt von diesen Modellen. Wobei ich zugeben muss, dass ich der psychosomatischen Seite noch wenig Raum gegeben habe. Vielleicht weil mir die sachorientierte, handfeste Seite der Medizin mehr liegt, eben »Hand-fester« erscheint. Begreifbarer, und damit auch nicht so beängstigend.

Nun aber ist es Zeit, auch mal mit der anderen Seite anzufangen, mit einem Gespräch mit Curd Michael Hockel. Mit gut gespritzten und dadurch ruhigen Augenlidern fliege ich nach München. Im Gepäck eine lange Liste an Fragen. Denn trotz der Gespräche mit Neurologen und anderen Medizinern lässt mir die Frage nach der psychologischen Therapierbarkeit keine Ruhe. Ich mag es einfach nicht glauben, dass eine Dystonie aus »heiterem Himmel« kommt und dass sie nicht heilbar ist.

In seiner kinderpsychologischen Praxis kocht Curd Michael Hockel erst mal gemütlich Tee und zündet eine Kerze an. Dann – ganz Profi – stellt er ein zusätzliches Aufnahmegerät neben mein Mikrofon. Er habe schon so manches Interview gegeben, erklärt er, und es dann später nicht mehr wiedererkannt, als er den Text gelesen habe.

Vor allem will ich von ihm erfahren, wer denn nun der Wahrheit näher sei: die Ärzte, die sagen, eine Dystonie sei genetisch bedingt, oder die Psychotherapeuten, die an verhaltenstherapeutische Hilfen glauben. Curd Michael Hockel will diese Frage leider nicht präzise beantworten. Er findet meine Gegenüberstellung unproduktiv. Sieht den ganzen Menschen als Körper und Seele und vermutet, dass jeder das Seine tun solle. Hier der Mediziner mit seinen Möglichkeiten, dort der Therapeut auf seine Weise.

Auch, dass Kinder mit Verhaltenstherapie nachweislich von ihren Tics befreit worden sind – ich hatte darüber schon vorher gelesen –, lässt der Therapeut so nicht gelten. Kinder würden dann zwar den einen Tic ablegen, an einer ganz andcren Stelle aber einen neuen entwickeln.

Ganz zum Schluss unseres langen Gespräches schildere ich dann doch mein tiefstes, innerstes Gefühl, dass eine Dystonie eben doch nicht nur mit den klassischen medizinischen Methoden zu behandeln sei, dass auch der Auslöser eben nicht im Genetischen oder im Pharmakologischen zu suchen ist. Eine Antwort habe ich nicht bekommen – eher eine Anregung. Vor allem begreife ich: Ich bin noch nicht am Ende meiner Recherche. Weder was den Körper und die medizinischen Erkenntnisse betrifft noch im Bereich des Zusammenwirkens von Seele und Körper. Wie sagen die Buddhisten so treffend: Der Weg ist das Ziel. Also verfolge ich den Weg einfach noch weiter. Denn auch die Bergsteiger verfahren so – aber irgendwann sind sie dann oben, oder?

(Das Interview mit Curd Michael Hockel finden Sie im Anhang diese Buches auf Seite 203.)

24. Kapitel

VON EINEM SELTSAMEN PHÄNOMEN UND MEINEM HEIMWEH

Am nächsten Morgen nach dem Gespräch mit Curd Michael Hockel sitze ich wieder im Flugzeug Richtung London. Mir geht das alles noch sehr durch den Kopf.

Auch eine andere Sache macht mich nachdenklich: Wenn ich in Deutschland bin, ist mein Augenblinken und Krampfen nie so schlimm wie in London. Das ist mir besonders vor den ersten Botulinumtoxinspritzen aufgefallen. Also quasi in einem noch unbehandelten Zustand. Aber auch jetzt, seit ich regelmäßig alle drei Monate zum Spritzen fliege, kommen mir meine Augenlider auf heimatlichem Boden entspannter vor. Ein subjektives Gefühl? Ich bin sehr unsicher.

Eines weiß ich aber bestimmt: dass ich Heimweh habe. Immer schon in meinem Leben hatte, wenn ich nicht daheim war. Jetzt, in London, bin ich Weltmeister im Verdrängen. Weil es kontraproduktiv wäre, bei diesem interessanten Job in London dem Rhein, dem Main und vor allem der Isar nachzutrauern. Aber manchmal ertappe ich mich dann doch, wie ich auf das Poster mit dem Bergpanorama in meinem Londoner Büro schaue und tief seufze. Neulich hat mir die Cutterin

Michaela die Adresse einer Internetseite gegeben, von der man sich schöne Bildschirmschoner herunterladen kann. Und was fand ich? Eine Traum-Schneelandschaft, so als würde ich von der Hohen Salve in Tirol hinüberschauen auf die Kitzbüheler Berge. Diesen Bildschirmschoner habe ich mir dann auch in die Londoner Wohnung gemailt; jetzt begleiten mich »meine« Berge immer und überall bei der Arbeit. Egal ob ich Texte über Cherie Blair oder über die Queen schreibe, über die Ausstellungstempel Tate Britain oder Tate Modern oder über schottische Clans, die sich einen neuen Führer wählen.

Doch auch die spannendsten Ereignisse in London können mein Heimweh nicht ganz verdrängen. Unterschwellig ist es eigentlich immer vorhanden. Es hat mich nie verlassen. Meine Mutter hat mich schon mal frühzeitig heimgeschickt von einer Reise, weil ich weinend ein Foto von unserem Dackel angeschaut habe. Heimwehkrank heißt es doch auch, also eine Krankheit? Die Briten sprechen von »homesick«, »heimkrank«. Es ist eben doch oft die Seele, die den Körper krank macht.

Auch Sprache ist für mich ein Stück Heimat. Und so fehlt es mir, deutsch zu sprechen. Im Studio reden wir alle Englisch. Ich vertrete die Auffassung, dass wir das als Gäste in einem fremden Land im Umgang mit den britischen Kollegen tun sollten. Sicher, wir arbeiten für eine deutsche Fernsehstation, wir, die Korrespondenten texten natürlich deutsch. Aber alle Interviews, der ganze Alltag, das findet auf Englisch statt. Und je besser die Worte vermeintlich fließen, umso bewusster wird mir, dass man vieles Vertrautes im Englischen nicht ausdrücken kann.

Manchmal, wenn ich tagsüber mit dem ZDF-Studio in München-Unterföhring telefoniere, ertappe ich mich, dass ich wieder richtig Bayerisch rede. Und spüre zugleich einen dicken Wackerstein in meinem Magen. Auch eine Form von Heimweh.

Sicher, in Deutschland gibt es keine einzige Stadt, die sich auch nur im Entferntesten mit London vergleichen kann. Aber nicht umsonst verlassen auch die Briten – wenn sie denn können – alle sechs, sieben Wochen für einen »break« ihre Stadt. Denn London zehrt an der Kraft, kostet Nerven, Energie. Das geben sie alle zu. Die Briten und meine deutschen Kolleginnen und Kollegen im Studio sowieso. Sie alle flüchten, um aufzutanken. Denn das tägliche Leben in dieser Stadt raubt einem viel. Und damit meine ich nicht nur die prallvollen U-Bahnen, die Umweltverschmutzung und den Lärm. Sondern auch den Umgang der Menschen untereinander. Weil drei Millionen täglich »commuten«, also pendeln, bleibt wenig Zeit für soziales Miteinander. Die wenige freie Zeit in der Stadt verbringt »man« mit den Kollegen und Kolleginnen im Pub, um dann wieder in das kleine Reihenhäuschen in der Vorstadt zu pendeln. Ein Großteil der Briten steht schon um 5.30 Uhr, 6.00 Uhr auf. Helen, unsere Büromanagerin, ist da keine Ausnahme. Sie fährt dann von ihrem kleinen Landhaus sechzig Meilen im Norden von London mit ihrem Auto zum nächsten Bahnhof. Dort nimmt sie einen der Vorortzüge, fährt bis Liverpool Station und steigt dann um in die U-Bahn. Bis sie endlich im Büro ist, sind eineinhalb Stunden vergangen. Am Abend das Gleiche nochmal. Meist erst ab 20.30 Uhr, wenn das »heute journal« überspielt ist. Und das Ganze fünfmal die Woche.

Das alles nötigt mir hohe Achtung ab. Wenn ich denke, worüber wir uns in Deutschland manchmal beklagen. Die Briten jammern nicht, sie ertragen das alles klaglos. Sind froh, einen ordentlich bezahlten Job zu haben. Wenn sie ihn verlieren, dann suchen sie sich eben einen neuen, ganz gelassen. Denn kurzzeitige Arbeitslosigkeit ist nichts Ungewöhnliches, es gibt schließlich genug andere Jobs. Die Arbeitslosenquote liegt derzeit bei fünf Prozent. Kein Vergleich mit den deutschen 10,7 Prozent!

Überhaupt verändert sich der Blickwinkel auf das eigene Land, auf die Heimat ungemein, wenn man mal eine Zeit nicht dort lebt. Über manches schüttle ich den Kopf. Über was bei uns alles gejammert wird! Dabei ist Deutschland ein wunderbares Land, mit einem funktionierenden sozialen Netz, einem unglaublich perfekten Gesundheitswesen, einer niedrigen Verkehrsdichte, zuverlässiger Müllabfuhr und … und … und … Immer wenn ich auf einem deutschen Bahnhof stehe, bin ich erstaunt über die Sauberkeit. Über die Pünktlichkeit der Züge. Wenn denn ein ICE mal fünf Minuten Verspätung hat, wird das vorher dreimal mit tausend Entschuldigungen durchgesagt. Und erst drinnen in den Zügen – da könnte man überall vom Boden essen. Kein Vergleich zu britischen Zügen. Vom Abfall und dem Umgang damit habe ich ja schon erzählt. Es gibt manche Britinnen, die sich prinzipiell in keiner U-Bahn, in keinem Zug auf die Polster setzen. Ich kann es verstehen. Aber manchmal bin ich einfach nur noch müde und froh, einen Sitzplatz zu ergattern. Alles andere ist mir dann in diesem Moment egal.

Aber jetzt doch noch einmal zurück zu meinem Augenblinzeln: In Deutschland erscheint es mir tatsächlich weniger stark. Vielleicht, weil es nicht so hektisch ist, wenn ich in Mainz oder München zu tun habe. Dann gibt es keine vollen U-Bahnen, keine Überspielzeiten, keine Änderungen in letzter Sekunde. Vielleicht auch, weil ich mich »daheim« fühle.

So versuche ich, aus der Not eine Tugend zu machen und auch in London an den dienstfreien Wochenenden »Heimatgefühle« zu erzeugen: Am Anfang im Richmond Park, dreißig Minuten südlich von Chelsea. Ein herrlicher Park, mit kleinen Teichen, großen Hirschherden und einem gemütlichen Kaffee genau in der Mitte auf dem Weg. Noch schöner finden wir Wimbledon Common. Das ist ursprünglicher, erinnert ein wenig an die Weissachauen zwischen Rottach-Egern und Kreuth. Hier gibt es keine gepflasterten, ordentlichen Spazierwege, sondern mehr oder weniger wilde Pfade. Was mir als Allererstes immer »draußen«, außerhalb der Stadt, auffällt: Die Menschen sind freundlicher, schauen einen an, wenn man sich begegnet, grüßen und lächeln. Eine heitere Stimmung, fast wie ganz draußen auf dem englischen Land.

Nach unseren Park-Nachmittagen stört es uns auch nicht, dass wir für die Rückfahrt wieder über eine Stunde brauchen. Inmitten all der vielen Londoner, die ebenfalls zum »Luft schnappen« und Picknicken dem Großstadtmoloch entkommen wollen. Denn morgen früh läutet wieder der Wecker, sind die Busse und U-Bahnen voll und die Schlangen für den »latte to go« endlos. Wieder an fünf langen Tagen.

25. Kapitel

UND JETZT? VOR ALLEM EINES: NICHT AUFGEBEN

Wenn dieses Buch erscheint, werden sich die Mitglieder der Deutschen Dystonie Gesellschaft zum zehnten Mal getroffen haben. Diesmal in Potsdam.

Wieder werden es so um die 500 Betroffene sein, die zum Teil im Rollstuhl oder auf Krücken die Nähe der anderen und vor allem der teilnehmenden Ärzte suchen.

Weil man mit einer Dystonie ja sonst immer so sehr allein ist.

Sie alle hoffen – wie ich auch –, dass vielleicht doch irgendwann, irgendwo ein Wissenschaftler dieser vertrackten Dystonie auf die Spur kommt. Entdeckt, ob es jetzt die Gene sind, die die Erkrankten geerbt haben, und damit die Veranlagung dazu. Oder ob es doch äußere Einflüsse sind, die eines Menschen Nerven zum Zucken bringen.

Und wieder wird das Thema Botulinumtoxin eine wesentliche Rolle spielen. Denn dieses Nervengift hilft seit nunmehr 15 Jahren allen schwer betroffenen Dystoniepatienten, mit den verschiedenen Formen ihrer Krankheit zu leben. Sie alle wissen: Regelmäßige Spritzen sind die beste Vorbeugung vor einer weiteren Ausbreitung dieser Krankheit im ganzen Körper.

Aber auch die Operationstechniken verbessern sich rasant. Auf der letzten Tagung in Düsseldorf hat mich noch die verzweifelte Mutter eines 19-jährigen jungen Mannes angesprochen. Ihr Sohn war aus finanziellen Gründen aus dem Medikationsprogramm seiner Klinik herausgenommen worden. Keiner wollte ihm mehr helfen. Er litt an einer tardiven Dystonie. Seine Zehen des linken Fußes tippelten dabei unaufhörlich, der linke Arm verdrehte sich nach hinten, der ganze Körper schien wie in einer Torsion. Dazu schwitzte der junge Mann ganz fürchterlich. Schon das Hinsehen war für mich eine Qual – wie sehr musste erst dieser junge Mensch leiden. Aber auf der Tagung in Düsseldorf versprachen zwei Neurologen, sich um ihn zu kümmern. Und kurz vor Weihnachten letzten Jahres kam ein Brief von der Mutter. In der Universitätsklinik Kiel hatte der Neurochirurg den Eingriff zur Tiefenhirnstimulation gewagt.

Antonio, so heißt der junge Mann, bekam zwei Elektroden in sein Gehirn verpflanzt, die mit einem Hirnschrittmacher verbunden sind. Dieser Schrittmacher sendet elektrische Impulse an die Elektroden ins Gehirn. Dadurch werden die Überbewegungen unterdrückt. Seitdem geht es bei ihm ständig aufwärts, schrieb seine Mutter überglücklich. Er kann wieder Auto fahren und mit Freunden ins Café gehen. Außerdem ist seine größte Hoffnung, bald wieder in seinem Beruf zu arbeiten.

Diese Operation hilft nur in einigen wenigen Fällen. Die Masse der Dystoniepatienten kann nicht darauf zählen. So bleiben eben nur täglicher Mut, viel Kraft und die Hoffnung, dass nichts schlechter wird. Dass der Körper nicht irgendwann auf das Botulinumtoxin allergisch reagiert, dass die nächste Dystoniepraxis geöffnet bleibt und nicht schließt, nur weil der Neurologe einem Ruf an eine andere, ferne Klinik folgt.

Ich selbst werde, solange ich meinen Beruf als Auslandskorrespondentin ausfülle, brav alle drei Monate zum Spritzen gehen. Zu viel habe ich im Zuge der Recherche für dieses Buch gelesen und gehört von Patienten, die versucht haben, die Abstände zwischen den Spritzen-Terminen hinauszuzögern. In der Hoffnung, eines Tages davon ganz loszukommen. Das Ergebnis war immer eine deutliche Verschlechterung der Gesamtsituation des Körpers: vermehrtes Blinzeln bis zum gänzlichen Schließen der Augenlider bei Blepharospasmus. Schlechteres Sprechen, gar nur noch Hauchen bei der oromandibulären Dystonie. Kaum mehr aufhörender Schreibkrampf, ein höllisch schmerzender Schiefhals. Alle sind dann reumütig und ganz schnell wieder in die Dystoniepraxis gekommen.

Und später, im dritten Lebensabschnitt, der Zeit nach dem Beruf? Da sagt mir mein Gefühl: Versuch noch was anderes. Warum nicht doch in einer längerfristig angelegten Gesprächstherapie dem eigenen Verhalten auf die Schliche kommen? Das erfordert Mut. Und wenn man ihn schon anderen empfiehlt, sollte man ihn auch selbst aufbringen.

Schließlich: Es gibt Schlimmeres. An einer Dystonie ist noch keiner gestorben. An Krebs schon. Oder im Krieg, wie gerade erst in Afghanistan und im Irak.

In diesem Sinne: Haben wir Mut zur Zuversicht.

ANHANG

Interview mit Prof. Jost

F: Weiß man denn heute schon, woher eine Dystonie kommt; kann das vielleicht mit besonderen Medikamenten zusammenhängen? Zum Beispiel Medikamente, die bei Reisekrankheit, bei Übelkeit, Erbrechen eingenommen werden?

Prof. Jost: Die Frage, wie viel Prozent der Patienten eine symptomatische Form haben, stellen wir uns schon lange. Insbesondere, wie häufig Medikamente als Ursache anzuschuldigen sind. Sie nannten eben Metoclopramid und Dimenhydrinat. Daneben sind natürlich andere Medikamente wie Neuroleptika zu nennen.

Fangen wir mal mit Metoclopramid an. Diese Substanz blockiert die Dopaminrezeptoren; direkt nach der Einnahme kann es zu motorischen Störungen kommen, das heißt, es treten Bewegungsstörungen auf, die dann, wenn man ein Gegenmittel gibt, sofort weggehen.

Es gibt außerdem noch die klassischen Neuroleptika, also Medikamente, die bei psychiatrischen Erkrankungen eingesetzt werden und Dopaminrezeptoren blockieren, also zum Beispiel Haloperidol. Damit werden Patienten über eine gewisse Zeit behandelt und können mit einer zeitlichen Latenz Bewegungsstörungen bekommen. Zum Beispiel auch eine Dystonie. Besonders die Neuroleptika, die meines Erachtens auch zu großzügig eingesetzt werden, haben eine hohe Potenz Dyskinesien, unwillkürliche, störende Bewegungen, hervorzurufen.

Fluspirilien gehört zu dieser Gruppe, hat aber insgesamt eine geringere Potenz. Medikamente mit diesem Wirkstoff bekommen häufig junge Leute, die Stimmungsschwankungen unterliegen, weil sie Liebeskummer o.Ä. haben. Die Substanz wird relativ großzügig eingesetzt. Wobei ich hoffe, dass unsere Aufklärungsarbeit in den letzten Jahren dazu beigetragen hat, dies zu verändern. Noch in der jüngsten Vergangenheit hatte man nicht realisiert, dass dieser Wirkstoff auch das Meigesyndrom (eine Dystonie mit Verkrampfungen der Kiefermuskeln, der Zunge und des Mundes gemeinsam mit Blepharospasmus) erzeugen kann.

F: Ich erzählte Ihnen ja, dass ich jahrzehntelang, um meine Kopfschmerz- und Brechattacken zu bekämpfen, Metoclopramid und Dimenhydrinat eingenommen habe. Es könnte also sehr gut sein, dass ich dadurch meine Dystonie, den Blepharospasmus, hervorgerufen habe?

Prof. Jost: Das kann man nicht ausschließen, es wäre vorstellbar. Meines Erachtens sollte man, wenn man eine Dystonie hat, diese Medikamente scheuen wie der Teufel das Weihwasser. Bei Parkinsonpatienten sind diese Wirkstoffe auch kontraindiziert. Denn es ist unstrittig, dass Metoclopramid ein Dopamin-Antagonist ist, das heißt, auf Dopaminrezeptoren hat es einen negativen Einfluss. Und es wirkt sowohl im Körper als auch im Gehirn. Alternativ dazu gibt es auch Medikamente, die fast nur im Körper und kaum im Gehirn wirken. Aber diese sind deutlich teurer, weswegen meist das billigere eingesetzt wird nach dem Motto: Die Folgekosten interessieren uns nicht. Das könnte man eigentlich vermeiden.

Dennoch: Summa summarum muss man davon ausgehen, dass das Metoclopramid nur in wenigen Fällen bleibende Dyskinesien hervorruft. Doch das wissen wir eben nicht im Voraus.

F: Wie viel weiß man denn inzwischen über die genetische Disposition eines Dystoniepatienten, wie ist denn Ihr persönlicher Erfahrungsstand in Ihrer großen Praxis?

Prof. Jost: Momentan hat die Genetik wieder einen gewissen Aufschwung. Es steht außer Frage, dass genetische Faktoren eine erhebliche Rolle spielen. Dies betrifft wahrscheinlich auch die Anfälligkeit gegenüber den oben genannten Medikamenten. Es dürfte so sein, dass Leute mit einer gewissen genetischen Disposition eher eine Dystonie infolge der medikamentösen Therapie entwickeln als andere. Generell ist es wahrscheinlich, dass es bei einer gewissen Disposition häufiger zu Dystonien oder anderen Störungen kommt als bei genetisch »unbelasteten« Patienten. Die klassische Vererbungsfrage stellt sich jedoch nur für wenige Erkrankte. Das heißt, nur wenige tragen ein Gen, das zum Ausbruch einer Dystonie führt. Diese Patienten haben in der Regel auch eine deutlich stärkere Symptomatik, also nicht nur einen Blepharospasmus, sondern häufig eine schwere Torsionsdystonie, d.h., der ganze Körper ist betroffen. Insgesamt sind das jedoch wenige, wobei wir abwarten müssen, wie die weitere Entwicklung verläuft. In Deutschland haben wir das Problem, dass wir aufgrund unserer Geschichte eine gewisse Distanz zur Genetik haben und erst langsam wieder ein bisschen unverkrampfter drangehen können, auch auf diesem Gebiet zu forschen.

F: Gibt es denn eine Erkrankung, die sich durch die Generationen in einer Familie vererbt, die damit die Ursache für eine Dystonie sein kann?

Prof. Jost: Nein, so meine ich das nicht. Es kann eine genetische Konstellation zur Dystonie führen, die aber nicht bei allen Genträgern zum Tragen kommt. D.h., dass man sozusagen eine Veranlagung hat, die einen für gewisse Erkrankungen »sensibilisiert« und bei der die Krankheit eher auftreten kann.

Wir wissen auch nicht, wie häufig Dystonie früher war, weil sie nicht beachtet worden ist. Häufig wurden entsprechende Störungen nicht beachtet oder fehlgedeutet. Die Genetik ist heute noch eine erhebliche Fleißarbeit. Im Moment untersucht man, ob es ein Gen gibt, das sich von Nichtbetroffenen unterscheidet.

F: Ist Parkinson durch Gene disponiert, kann also ein Mensch mit der genetischen Disposition Parkinson bekommen?

Prof. Jost: Ja. Es gibt eine erbliche Form des Parkinsonsyndroms. Um den dahinter liegenden Gedanken aufzugreifen: Parkinsonpatienten bekommen häufiger Dystonien, aber trotzdem sind das zwei verschiedene Krankheiten.

F: Aber wenn jetzt ein Elternteil Parkinson hat, ist es dann aufgrund der genetischen Disposition möglich, dass das Kind dann an einer Dystonie erkrankt?

Prof. Jost: Eher nicht. Sicher, es gibt noch keine Untersuchung dazu, aber das wäre jetzt schon aufgefallen. Die Erkenntnisse, die wir beim Parkinsonsyndrom haben, sind sehr viel umfangreicher. Dort wissen wir, dass es zu einer Degeneration der Zellen kommt und dass mindestens zwei Drittel der Zellen degeneriert sein müssen, bevor die Symptomatik überhaupt auftritt. Das Defizit entwickelt sich also über Jahre, und erst zu einem relativ späten Zeitpunkt wird die Erkrankung diagnostiziert. Bei Dystonie ist das ganz anders. Hier können wir bisher kein Defizit nachweisen. Als Bewegungsstörung liegen Dystonie und Parkinson zwar eng beieinander, haben aber unmittelbar nichts miteinander zu tun.

F: Haben Sie mit Ihren Kollegen schon mal die Tatsache diskutiert, dass wesentlich mehr Frauen von Blepharospasmus betroffen sind als Männer?

Prof. Jost: Beim Meigesyndrom sind etwas drei- bis viermal so häufig Frauen betroffen wie Männer. Und beim Blepharospasmus trifft es auch eher Frauen. Vor allem in der zweiten Lebenshälfte, ab dem mittleren und höheren Lebensalter. Wir wissen aber nicht, woher dieser Unterschied kommt.

F: Hat man schon einmal über einen möglichen Zusammenhang zwischen der Hormonumstellung in der Lebensmitte bei Frauen, der Hormonersatztherapie und den Folgen nachgedacht?

Prof. Jost: Es gibt momentan schon Überlegungen, ob es einen hormonellen Einfluss gibt. Das ist bei etlichen anderen Erkrankungen ja auch so, wie beispielsweise bei der Migräne, bei der wir den wesentlichen Einfluss der Hormone kennen. Auch beim Parkinsonsyndrom werden solche Überlegungen angestellt. Andererseits liegt bei vielen Erkrankungen eine Kombination vieler Faktoren vor, das heißt, viele mögliche Auslöser kommen zusammen. Außerdem muss hier wieder eine mögliche Prädisposition bedacht werden. Man kann daher nicht den Einfluss der Östrogene bestimmen, wenn eine Frau beispielsweise Metoclopramid bekommen hat.

Vielleicht sind Frauen auch eher bereit, zum Arzt zu gehen, um ihre seelischen Probleme zu schildern, und bekommen deshalb auch mehr »leichte« Neuroleptika. Ärzte neigen dazu, Männern weniger Neuroleptika zu geben als Frauen.

Vielleicht ist es auch so, dass Frauen mehr Medikamente, die Dystonie auslösen können, verschrieben werden als Männern? Ohne Frage tritt die Dystonie häufig in der Phase des Lebens auf, in der auch die Menopause liegt. Dies kann Zufall sein; es könnte aber auch ein auslösender Faktor sein oder zumindest könnte es eine Rolle dabei spielen. Möglich ist natürlich auch ein Transmitterproblem, das das Zusammenspiel der Hormone beeinflusst. Tanzt ein Hormon aus der Reihe, kann das ganze System gestört werden. Nimmt man noch eine gewisse Prädisposition hinzu, könnte, was sonst stabil war, plötzlich instabil werden. Aber das ist jetzt sehr spekulativ.

F: Gibt es auch Dystonieformen, bei denen sich die Ärzte sicher sind, dass sie nichts mit dem Alter des Patienten zu tun haben?

Prof. Jost: Der Torticollis, der Schiefhals, tritt nicht typischerweise im Alter, sondern häufig früher auf.

Der Spasmus hemifacialis hingegen tritt auch eher in der zweiten Lebenshälfte auf und ist überhaupt keine Dystonie.

Generell kann man sagen, dass die meisten Krankheiten in der zweiten Lebenshälfte häufiger vorkommen. Wir sind anscheinend nicht gedacht, so alt zu werden, und so müssen wir nun mit den Symptomen leben. So wie wir das ja bei allen Gebrauchsgegenständen auch akzeptieren, dass mit zunehmendem Alter gewisse Defizite auftreten.

F: Woher kommt es, dass – aus meiner persönlichen Erfahrung heraus – ein, zwei Glas Wein den Blepharospasmus deutlich verschlechtern. Ist Alkohol generell schädlich bei einer Dystonie?

Prof. Jost: Da würde ich mit JEIN antworten ... Der Einfluss aller beruhigenden oder Muskel entspannenden Substanzen wird von den Patienten sehr unterschiedlich gesehen. Viele Patienten setzen ja beispielsweise Benzodiazepine, also Beruhigungsmittel, ein, um die Dystonie zu behandeln. Manche benutzen auch Alkohol, und es gibt sogar eine spezielle Dystonieform, Myklonusdystonie, die sich unter Alkoholeinfluss dramatisch bessert.

Das kann man aber nicht pauschalisieren. Eine Dystonie wird eben sehr unterschiedlich erlebt. Manche sagen, die psychische Belastung ist eher eine Ablenkung, andere sagen, die psychische Belastung ist eine Katastrophe. Für die einen ist es am besten, wenn sie zu Hause sitzen und entspannt sind, für die anderen, wenn sie in einem beruflichen Umfeld eingebunden sind. Dies ist alles individuell sehr unterschiedlich.

F: Immer wieder heißt es, dass man mit Blepharospasmus nicht lesen kann. Ich kann Gott sei Dank lesen, schreiben, am Schnittplatz sichten und mit dem Cutter einen Film schneiden. Kann es sein, dass ich vielleicht doch keinen Blepharospasmus, sondern etwas ganz anderes habe?

Prof. Jost: Sicher, diese Beschreibung ist ungewöhnlich, weil die meisten gerade beim Lesen Probleme haben. Aber ich sagte ja vorhin schon, dass es verschiedene Formen von Blepharospasmus gibt. Bei den einen ist das häufige Zwinkern stärker, bei anderen ist der Lidschlag verlängert oder stärker. Bei manchen hat man sogar das Gefühl, das Lid klebe zusammen. Diese Patienten bekommen die Lider gar nicht richtig auf, die weisen dann eine Faltenbildung auf, weil sie sich sehr stark bemühen, die Augenlider hochzuziehen.

F: Warum gibt es noch keine Grundlagenforschung? Warum will niemand wirklich wissen, woher Dystonien kommen?

Prof. Jost: Dass es keine Grundlagenforschung gibt, kann man nicht sagen. Letztendlich arbeitet man in dem Bereich schon lange und sehr intensiv, und außerdem kann man die Genetik ja mehr oder minder auch als Grundlagenforschung ansehen. Durch die Therapiemöglichkeiten mit Botulinumtoxin hat sich vieles auch diesbezüglich zum Positiven verändert. Plötzlich hat man eine Therapie und auch wieder Interesse an der Krankheit – das ist ein Riesenschritt für die Patienten.

Probleme macht natürlich die Tatsache, dass die Dystonieerkrankungen so verschieden sind. Je einfacher eine Krankheit definiert ist und je verbreiteter sie ist, desto eher können Sie wissenschaftliche Untersuchungen machen.

Wenn Sie z.B die spasmodische Dysphonie nehmen und pro Klinik maximal einen Patienten haben, dann können Sie natürlich schlecht Grundlagenforschung betreiben. Aber auch beim Schreibkrampf, wo es viel mehr Betroffene gibt, ist es ungeheuer schwer zu forschen, denn auch hier müssen Sie noch ausschließen, dass es keine symptomatische Krankheit ist, z.B. der Patient keine Neuroleptika bekommen hat, keinen Unfall hatte, oder, oder, oder. Und dann plötzlich bleibt nur noch eine kleine Gruppe übrig.

Sie müssen sich vorstellen, bei Parkinson haben wir etwa 250 000 Patienten. Selbst wenn nur ein Prozent der Patienten mitmacht, ist das eine Riesengruppe. Natürlich gibt es in Deutschland auch in etwa 80 000 Dystoniepatienten. Die vermutete Dunkelziffer von nochmal 80 000 ist natürlich auch problematisch, weil die manchmal nur ganz leichte Formen einer Dystonie haben.

Wenn Sie jetzt diese 80 000 nach verschiedenen Krankheiten unterteilen, bleiben relativ kleine Gruppen übrig, und das macht es schwer. Weiterhin ist die Bereitschaft der Patienten, an Studien teilzunehmen, relativ gering. Bei 250 000 Parkinsonpatienten brauchen Sie eben nur eine geringe Bereitschaft und haben genug Patienten. Wenn Sie eine Gruppe haben von nur 100 Patienten, müssen eigentlich schon alle mitmachen, damit Sie überhaupt was herausfinden. Es ist immer ein Problem für uns, Patienten für Untersuchungen zu bekommen. Wenn Patienten 30 km fahren oder einen halben Tag opfern müssen, fragen sie, was sie davon haben.

Außerdem gibt es keine Gelder. Wenn Sie eine Studie mit einem neuen Medikament machen, dann ist die Industrie interessiert und gibt Ihnen Gelder. Wenn Sie Grundlagenforschung betreiben wollen, ist es viel schwerer, Unterstützung zu finden. Niemand will da Geld hineinstecken. Und jetzt vielleicht noch ein bisschen polemisch: Mit den paar Patienten können Sie auch keine Wahl gewinnen.

F: Wie groß sind denn die Nebenwirkungen auf Botulinumtoxin, was weiß man denn da?

Prof. Jost: Das hängt von der Indikation ab. Beim Blepharospasmus brauchen wir eher eine kleine Dosis, dementsprechend haben wir hier nur lokale Nebenwirkungen. So genannte systemische Effekte gibt es keine, dafür ist die Dosis zu gering. Man braucht keine Angst zu haben, dass Schluckstörungen oder vergleichbare Nebenwirkungen auftreten. Allergische Reaktionen sind nicht beschrieben, weshalb man das Toxin meist unproblematisch einsetzen kann. Eine Antikörperentwicklung, d.h. dass die Patienten nicht mehr auf die Therapie ansprechen, ist beim Blepharospasmus kein Problem. Es gibt Einzelfälle, spielt aber in der großen Gruppe keine Rolle.

Dann wären da die lokalen Nebenwirkungen nach der Injektion. Wie ein herabhängendes Oberlid. Dies ist Folge einer Lidheberlähmung, weil man zu nahe in der Mitte des Oberlids injiziert hat. Es kann aber auch zum Ektropium kommen; dabei dreht sich das Unterlid ein bisschen nach außen, dann kann die Tränenflüssigkeit nicht mehr ablaufen. Möglich ist auch ein Bluterguss. Dies kann im Einzelfall sogar sehr deutlich sichtbar sein. In der Regel ist das absolut ungefährlich, aber am Auge stört es immer sehr. Die unerwünschten Wirkungen bilden sich aber immer komplett zurück.

F: Wie groß sind denn die seelischen Belastungen Ihrer Patienten durch Blepharospasmus?

Prof. Jost: Ich glaube, dass die Therapie mit Botulinumtoxin und das starke Engagement der Deutschen Dystonie Gesellschaft viel dazu beigetragen haben, dass dieses Problem geringer geworden ist. Dennoch steht es außer Frage, dass die Dystoniesymptomatik nicht gerade eine hohe soziale Akzeptanz hat. Dadurch entstehen natürlich Probleme. Wer beispielsweise selbst unsicher ist, wird dann noch unsicherer werden. Das ist ein Teufelkreis, insbesondere da die Symptome unter psychischer Belastung zunehmen. Dies führt bei den Patienten häufig zu einem sozialen Rückzug, sie meiden dann die Öffentlichkeit. Das hat dann natürlich Auswirkungen auf das Zusammenleben mit anderen Menschen und auch auf die Partnerschaft. Denn das Unverständnis der Umwelt ist immer noch groß. Viele sagen, jetzt gib doch mal Ruhe, jetzt halt doch mal deine Augen still – diese Ignoranz ist schon erstaunlich.

Vielerorts wird der Blepharospasmus ja auch immer noch als Tick angesehen. Und obwohl auch ein Tick organisch ist, landet jeder, der vermehrt mit dem Auge zwinkert oder unwillkürlich den Kopf dreht, in der Psychokiste. Wir Ärzte haben dazu nicht unwesentlich beigetragen, indem wir in der Vergangenheit häufig all das, was wir nicht zuordnen konnten, als psychisch klassifiziert haben. Ich vergleiche das gern mit einem neuen Auto, das klappert. Ich fahre in die Werkstatt; dort wird es auseinander gebaut und wieder zusammengesetzt, und es klappert immer noch – also ist es psychisch? In der Medizin ist es schwieriger, wir können nicht alles auseinander bauen und wieder zusammensetzen. Wenn keine Erklärung gefunden wird, wird die organische Genese häufig als unwahrscheinlich angesehen. Gerade bei den Dystonien haben wir keine beweisende Diagnostik. Selbst die Kernspintomografie zeigt einen Normalbefund.

Die Tatsache, dass ich nichts sehe, beweist gar nichts; die Tatsache, dass ich keinen Laborbefund habe, beweist gar nichts, die Tatsache, dass es zunimmt, wenn ich unter psychischem Stress bin, beweist gar nichts. Dennoch haben wir letztendlich keinen Beweis, dass es organisch ist.

Meines Erachtens ist es sicherlich keine psychiatrische Erkrankung, es nimmt nur durch psychische Belastung zu. Natürlich stellt sich die Frage, ob enormer Stress den Ausbruch der Dystonie hervorruft. Wenn der Patient bereits eine gewisse Bereitschaft besitzt, diese Krankheit zu entwickeln, bricht sie dann in einer schwierigen Situation zwangsläufig aus? Oder kommt es sowieso dazu, vielleicht nur ein bisschen später? Darauf gibt es noch keine Antworten.

F: Welche Charaktere, welche Menschentypen erkranken denn nach Ihrer Erfahrung an einer Dystonie?

Prof. Jost: Es gibt ja eine lange Tradition in der Medizin, dass man Krankheiten und psychische Konstellationen Persönlichkeitsstrukturen zuordnet. Allgemein kann man sagen – auch wenn es banal klingt –, Dystoniepatienten sind nette Menschen. Es sind in der Regel keine egoistischen Menschen, sie wirken eher sensibel. Es sind Menschen, die nicht so hau-ruck-mäßig kommen, sondern wirklich sehr interessiert sind an der Erkrankung, sehr viel nachfragen, sich sehr viele Gedanken machen. Sie sind meist auch bereit, Opfer zu bringen. Das ist sehr typisch. Meine Dystoniepatienten sind viel zuverlässiger als Patienten mit anderen Erkrankungen. Für mich als Arzt heißt das, ich kann wirkliche Sprechstunden machen, und es gibt nur wenige, die sich nicht an diese Regeln halten.

Umgekehrt hat genau dieses Verhalten die Dystoniekranken häufig in die psychiatrische Ecke gedrängt. Weil man sagt, das sind solche Sensibelchen. Sicher, empfindliche Menschen reagieren eher auf psychische Belastungen, umgekehrt kann es aber auch eine Folge der Erkrankung sein.

F: Was halten Sie von der operativen Methode? Einige Operateure durchtrennen ja die Nerven über den Augen, um das Blinken und Blinzeln ein für alle Mal zu beenden?

Prof. Jost: Bei Operationen muss man jetzt natürlich wieder verschiedene Dinge unterscheiden:

Ob man eine periphere Operation macht oder eine zentrale. Peripher heißt, der Operateur setzt dort an, wo die falschen Impulse ankommen. Er unterbricht also die Verbindung von Nerv und Muskel. Eine Methode, die sowohl beim Blepharospasmus als auch beim Torticollis angewandt wird. Aber: Die Ergebnisse sind relativ schlecht, auf jeden Fall schlechter, als von einigen Operateuren behauptet wird. Denn der Muskel hat natürlich auch eine bestimmte Funktion. Wird diese gestört, kann es zu einer Lähmung der betroffenen Muskulatur kommen. Beim Blepharospasmus kann es dazu führen, dass das Lid nicht mehr komplett geschlossen oder nicht mehr richtig geöffnet werden kann. Beim Torticollis tritt eventuell eine Kopfhalteschwäche auf oder eine gewisse Funktion der Kopfdrehung ist nicht mehr vorhanden. Am schlimmsten ist aber, dass viele Patienten nach einer gewissen Zeit wiederkommen mit neuen Dystoniesymptomen.

F: Ich erinnere mich, dass mir ein Arzt bei meiner Suche nach einer Lösung genau aus diesen Gründen von einer Durchtrennung der Nerven über dem Auge abgeraten hat. Nerven würden sich immer wieder einen Weg suchen. Das stimmt also?

Prof. Jost: Ja, aber auch die Krankheit sucht sich ihren Weg. Das heißt, wenn Sie Nerven durchtrennen, werden eventuell andere Muskeln betroffen. Etwas drastischer dargestellt: Eventuell suchen sich die »falschen Impulse«, die vom Gehirn kommen, ein neues Zielorgan. Beispielsweise berichtete mir eine Patientin, die vor der Operation einen Blepharospasmus hatte, dass sie danach eine oromandibuläre Dystonie bekam. Die Augenlider sind jetzt zwar ruhig, dafür hat sie eine permanente Unruhe um den Mund und um die Lippen.

Da muss man sich die Frage stellen, ob dies bei Torticollispatienten auch auftreten wird. Vielleicht betrifft die Dystonie dann Muskeln, deren Fehlfunktion vorher gar nicht so aufgefallen ist, die aber jetzt aktiv werden, weil das Hauptsymptom weggenommen wurde.

F: Wie kann man anderen Patienten mit Dystonie helfen? Bei Blepharospasmus ist Botulinumtoxin das Mittel der Wahl: Wie ist es beim Torticollis, beim Meigesyndrom, beim Schreibkrampf, der Verkrampfung des Kehlkopfmuskels?

Prof. Jost: Da sieht es leider nicht so gut aus. Den Kehlkopf kann man auch mit Botulinumtoxin behandeln, im Mundbereich kann man nur ganz wenig machen. Es ist möglich, das Symptom ein wenig zu reduzieren. Aber man hat damit nicht diese guten Erfolge wie am Augenlid.

Dann gibt es noch eine andere Operationsmethode. Die ist ein bisschen spektakulär und zum jetzigen Zeitpunkt nur für ganz wenige Patienten, das heißt etwa fünf Prozent, relevant.

Dabei geht man von der Prämisse aus, dass im Gehirn ein Missverhältnis von verschiedenen Neurotransmittern mit gestörten Regelschleifen besteht. Wenn irgendeine Substanz zu viel oder zu wenig vorhanden ist, funktionieren die Regelschleifen nicht mehr richtig, dann kommen zu viele oder falsche Impulse. Dementsprechend versucht man in diese Regelschleifen regulierend einzugreifen, indem man eine Stimulationselektrode ins Gehirn einführt. Genau in das Gebiet, in dem die Bewegung gesteuert wird. Damit kann man, wenn man die optimalen Impulse wählt, hemmend und regulierend eingreifen.

Der Eingriff erfolgt bei Bewusstsein, damit man den Ausgang bereits während der Operation beurteilen kann. Der Patient ist wach und bekommt einen Metallring am Kopf fixiert. Vorher wird durch eine Kernspintomografie das gesuchte Zentrum lokalisiert. Durch dieses Verfahren wird eine Operation im dreidimensionalen Raum möglich. Nur die Stelle, wo der Ring befestigt wird, wird lokal betäubt, den Rest spürt man dann schon nicht mehr. Durch ein Bohrloch in der Schädeldecke – ohne Betäubung, denn im Gehirn hat man keine sensiblen Empfindungen – wird die Sonde an den Zielort vorgeschoben.

Der Neurochirurg weiß natürlich, wo er die Sonde platzieren muss, damit keine Nebenwirkungen auftreten. Das klappt bei Parkinsonpatienten schon sehr gut. Bei schweren, generalisierten Dystonien liegen mittlerweile weltweit gute Erfahrungen bei relativ vielen Patienten vor. Bei der Behandlung von Patienten mit Torticollis gibt es für dieses Verfahren bislang nur Einzelerfahrungen. Man muss aber auch die Verhältnismäßigkeit sehen. Wenn Sie im Gehirn operieren, kann es zu Nebenwirkungen kommen, zu Blutungen und anderen Verletzungen. Das überlegt man sich also sehr gut. Beim Blepharospasmus kommen wir mit den Botulinumtoxinspritzen gut zurecht. Da denkt keiner an eine solche Operationsmethode.

Psychosomatik – in welchem Weltbezug liegt das Glück?
Von Diplompsychologe Curd Michael Hockel

Gefragt über meinen Glauben an die Wirksamkeit von Psychotherapie bei Blepharospasmus, greife ich zurück auf die 26 Jahre psychotherapeutische Berufspraxis mit Menschen jeden Lebensalters. Da ich noch nie mit einem Patienten dieses Störungsbildes gearbeitet habe, bin ich unsicher. Aber aufgrund der Literatur und meiner Erfahrung mit anderen psychosomatischen Leiden (Tinnitus, Kopfschmerz, Asthma usw.) bin ich bereit, mich dazu zu äußern.

Körpersignale zu registrieren ist eine Leistung unseres selbstbezogenen Bewusstseins. Betrachtet man allein die Frage, wann denn Bewusstsein menschheitsgeschichtlich – und sodann in der Geschichte des Einzelsubjektes – entsteht, so stößt man auf die herausragende Arbeit von Julian Jaynes (orig. 1976, deutsch 1988), der den Ursprung des Bewusstseins durch den Zusammenbruch der bikameralen Psyche beschreibt. Seine These ist, dass eine Zivilisation ohne Bewusstsein möglich ist und dass diese Form der Zivilisation bis in eine Phase des menschheitsgeschichtlichen Umbruchs (historisch etwa um 2000 vor Christus) die Grundform menschlicher Gesellschaften war.

Grundbaustein seiner These ist die Annahme einer bikameralen Psyche, in der eine Kammer das »bewusstlose« Sein des handelnden Menschen, die andere die Stimme seiner Götter beinhaltet. Aufgrund der geschichtlichen Umbrüche, der Herausforderungen durch Naturkatastrophen und Völkerwanderungen verlieren diese Götterstimmen, die bisher zuverlässig und deutlich sagten, »wo's lang geht«, ihre Problem lösende Autorität, da ihre Weisungen nicht mehr effektiv sind.

Und damit schlägt laut Jaynes die Geburtsstunde des Bewusstseins: Aus »Was sagt mein Gott zu mir?« wird nun »Wie spricht mein Sein zu mir?«.

Wer sich mit der Lust des »Flow-Erlebens« oder der seltsamen Faszination des Spielens, mit der Phänomenologie gelingender Arbeit oder den Erfahrungen meditativen Handelns beschäftigt hat, der wird die theoretische Beschreibung jener »bewusstseinsfreien« Zivilisation annehmen können und die Vorschläge Jaynes als fruchtbare Arbeitshypothesen verstehen. Als Entwicklungspsychologen kennen wir das Problem der Entstehung einer »Theorie des eigenen Denkens« in seinen vielfältigen Facetten.

Ob Therapieziele so beschrieben werden (»Wo ›ES‹ war, soll ›ICH‹ werden« – Psychoanalyse), Qualifikationsanforderungen aufgelistet werden (Therapieziel: Selbstkontrolle, Selbstbehandlung, Selbstgestaltung, Selbstentfaltung, Selbstbehauptung usw. – Verhaltenstherapie) oder der Handlungsregulation ein Attraktor seelischen Wachstums unterlegt gesehen wird (»organismische Selbstregulation« – klientzentrierte Psychotherapie) – in jedem der Ansätze kann die Hypothese fruchtbar wesentliche Übergangsschwellen beleuchten.

Ich gehe davon aus, dass emotionale Ausgewogenheit, die sich mit »Glück, Genuss- und Arbeitsfähigkeit« benennt, als »seelische Gesundheit« beschwören lässt, vorwiegend in Handlungsvollzügen solcher bewusstseinsfreier gelebter Zeit zu finden ist. Körperlichkeit wird »unauffällig«, Problem lösende Anstrengung wird geleistet, ohne subjektiv reflektiert zu werden (»Mühelos konnte ich mich konzentrieren.«), leibliche Anstrengung/Ermüdung kann sich heranbilden, ohne schleppend mühsam wahrgenommen zu werden (»Die Zeit verging im Flug; was ich geleistet hatte, bemerkte ich erst nachträglich an meiner Erschöpfung.«).

Zugleich gehe ich davon aus, dass das Wissen um die Möglichkeit des Seins in diesem Zustand eine wesentliche Komponente arbeitssüchtigen Verhaltens ist. Die Lust an der Lust des bewusstseinsfreien Leistens selbst kann süchtig machen.

Körpersignale müssen vom Körper machbar sein. »Anstrengung« ohne Holzhacken zu signalisieren erfordert die Kreativität der organismischen Selbstregulation: Wie kann ein Leib sein Unbehagen an unausgeglichener Steuerung ausdrücken?

Wie wir uns auf uns als Leib beziehen, ist bedeutsam. Ich unterscheide das Taximodell, das Substanzmodell, das Weltmodell, das religiöse Modell und das Fitnessmodell.

Wegweiser

Selbstprüfung

Das Taximodell: Ich und mein Leib sind wie ein Fahrgast und sein Taxi: Das Taxi selbst ist ein Mensch-Maschine-System. Der »Eigenwille« des Taxifahrers muss bedacht werden, die Wartung des Fahrzeuges obliegt ihm ebenso wie die Wahl des Kraftstoffes, der Streckenführung, der Entscheidung darüber, ob geraucht werden darf usw. »Ich« bin Gast in der Lebendigkeit meines Leibes mit all seinen Launen, Stimmungen, Unpässlichkeiten usw., und zugleich kann ich je nach meinem Verhalten den Umgang des Fahrers mit mir mitbestimmen. Und letztlich bestimme ich die Fahrtziele. Damit stehe ich vor der Frage, wo ich meine Ziele hernehme, wie ich sie mir selbst gegenüber (oder wem gegenüber?) ausweise. Das Menschenbild der jüdisch-christlichen Ursündertradition lässt den Griff nach dem Apfel der Erkenntnis zum Problem werden, die auf diesem Bild aufgebaute Konzeption einer Heilertradition (Psychoanalyse) macht die Selbstreflexion zum Grundmodell der Selbstheilung (im Doppelsinne der Heilung, die durch einen selbst geschieht, und Heilung, die am gekränkten Selbst wirkt und dieses heilt).

Annehmen

Das Substanzmodell: Aus welchem Holz ich geschnitzt bin, bestimmen die Gene meiner Eltern. Welche Entwicklungsmöglichkeiten ich in mir trage, wird (mit)bestimmt durch Anlage – im Guten (Sonderbegabungen) und Schlechten (Vulnerabilitäten, Risikofaktoren, Erbschäden). Auch im Lebensgeschehen werde ich durch vorgefundene Fakten »bestimmt«: ein Samenkorn, das auf den Weg statt auf den Acker fällt. Die Medizin hat die Kunst des Umgangs mit dem Faktum, dem Fatalen, seit Jahrhunderten zum Kernbereich ihrer Berufssozialisation gemacht und damit für jeden »Sturm und Drang« Mediziner programmiert, ihren persönlichen Aufstand zu leisten: die Grenzen der Ohnmacht zurückzudrängen und Handlungsmacht, Änderungswissen dort zu entwickeln, wo zunächst Not und Leid angenommen werden müssen – weil sie da sind!

Einfühlen

Das Weltmodell: Mein Leib ist ein Mikrokosmos, belebt von Sinn und Sinnlichkeit. Ich und mein Leib sind wie das Gesamte der Steuerungssätze und das dazugehörige System. Meine Biografie ist eine Universalgeschichte. Jede Körperempfindung ein Leitstern zur Orientierung. Jedes Blutkörperchen ein Individuum mit eigenem Geschick, jede Zelle ein Lebewesen im Verbund meiner inneren Lebenswelt. Herrschaftsformen von Demokratie (Bedürfnisbefriedigung) und Diktatur (Gier/Lüsternheit) kommen ebenso vor wie alle anderen menschlichen Metaphern. »Alles verstehen« als Anspruch – meine ganzheitliche Zugehörigkeit zur Welt lässt mich meine Lebendigkeit als Resonanzgeschehen und meine Entschlusskraft als Schöpferkraft erkennen. Liebe als die menschliche Farbe aller Schwerkraft, Anziehung, Bindung – Hass, Neid, Wut als die menschliche Farbe aller Härte, Faktizität, Begrenztheit. Spiegelung als Selbstbegegnung (im mehrfachen Sinne, der Begegnung des Blickenden mit sich selbst, aber auch im Sinne des Aufeinandertreffens und Begegnens von jenen Tiefenschichten der Person, die diese selbst ist – nicht nur Austausch von Wörtern und Gesten). Im klientenzentrierten Konzept vollendeter Leitstern.

Echt sein

Das religiöse Modell: Mein Leib ist Figur vor dem Hintergrund meiner Gattung, welche selbst Figur einer Universalgeschichte ist und aus der Evolution im Schöpfungsprozess ausgezeugt wurde. Gestalt aus Gestaltlosem. Mein Leib umfasst alle phylogenetischen Entwicklungsstufen und ist letztlich verwurzelt im unergründlichen Geheimnis des Lebens. »Religio« – zurückgebunden auf das »Selbstbewusst-Werden« des Kohlenstoffs lebe ich in Demut im Gehäuse meines Fleisches –, glaubend an einen Gesamtsinn, einen »Hintergrund«, einen Urgrund. Alle Begierden als »Wert weisende« Kopfinhalte sind mir vertraut, »nichts Menschliches ist mir fremd« – und den Rang des »Unmenschlichen« zu erkennen ein Aspekt der (auch körperlichen) Verantwortung. Leib sein ist eine Erscheinungsform des menschlichen Ganges: Gleichgewicht zwischen Gut und Böse suchend.

Der irreversible Prozess meines Seins ist Ganzheit, ist Struktur. Selbst sein als einmalige konkrete Melodie vor dem Hintergrund der Stille aller (beliebig) möglichen Melodien. In der Achtsamkeit auf das *awareness-Kontinuum* bei der Gestalttherapie der Authentizität der klientenzentrierten Therapie differenziert erarbeitet.

Fördern und fordern

Das Fitnessmodell: So, wie mein Leib ist, muss er nicht bleiben. So, wie mein Sein ist, muss es nicht bleiben. Änderungsmacht ist Selbstveränderungsmacht. Optimal ist mein Leib für mich, wenn ich optimal (entsprechend seiner Möglichkeiten) mit ihm umgehe. Mutig mich selbst erproben – das bedeutet auch von innen her Grenzen erforschen. Grenzen meines Wollens, Könnens, meiner Interessen. Grenzen, die mich selbst beschreiben. Selbstgestaltung als »Konstruktion lebensförderlicher Motive«.

Und in all diesen Gestaltungsmöglichkeiten können mir »prozessleitende Hilfen« dienlich sein. Diesen Dienst bieten mir Begleiter an: Verhaltenstherapeuten entwickelten das Spektrum förderlicher Forderungen und fordernder Förderarbeit am differenziertesten.

Für die Psychosomatik, also das verständige Begleiten der Körperselbstentfaltung, Körperselbstgestaltung Hilfe suchender Mitmenschen, sind alle fünf Modelle durch das Metamodell des Begegnens verbunden. Ihnen gemeinsam ist die Frage: Was sind Kontakt, Berührung, Stoffwechsel, Geschichtlichkeit, Sterblichkeit für jeden einzelnen Leib?

Ich bin leidenschaftlich gern Entwicklungspsychologe. Das bedeutet, dass ich an die Selbstgestaltung, die Leibes- und Lebensarchitektur jedes Menschen glaube.

Interview mit Diplompsychologe Hockel

F: Was mich am meisten bei der Recherche über meine Dystonie bewegt, ist die Frage, wer Recht hat: die Ärzte, die sagen, es sei genetisch bedingt, unheilbar. Oder Psychotherapeuten, die an eine verhaltenstherapeutische Hilfe glauben.

Hockel: In jedem Einzelschicksal, bei jeder Erkrankung ist sowohl die selbst steuernde, seelische Komponente als auch die leibliche wirksam. Daher kann ich mich einem »entweder es ist genetisch oder es ist psychisch, seelisch«, nicht anschließen. Ich sehe das als eine unproduktive Gegenüberstellung. Mein Standpunkt ist: Sollen einerseits die Ärzte ihre Aufgabe erfüllen und forschen, was sie herausbekommen können. Wir, die psychotherapeutische Seite, sollten auch das Unsere tun, nämlich genau nachschauen, wo wir Rückmeldeschleifen zwischen Seele und Körper finden, die falsch laufen und eventuell krank machen.

Wo kann man durch seelische Selbststeuerung etwas erreichen? Diese Fragen müssen wir uns stellen. Aber eine Gegenüberstellung, dass es entweder das eine ist oder das andere, erscheint mir sinnlos.

F: Nun behandeln Sie Kinder mit Tics, Sie heilen Kinder von Tics. Was sind das denn für Tics, haben die Ähnlichkeit mit dem Blinken und Blinzeln eines Blepharospasmuspatienten?

Hockel: Ja, denn das vom Augenarzt diagnostizierte Augenzwinkern bei Kindern kann auch ein Tic sein. Meiner Erfahrung nach unterliegt dieser Tic der Wirksamkeit psychologischer Behandlung. Ich kann bei Kindern, die mir vorgestellt werden, daran arbeiten und das (manchmal) ändern.

F: Beschreiben Sie doch einen konkreten Fall, bei dem der Tic dann verschwunden ist.

Hockel: Einmal hatte ich einen 12-jährigen Jungen, der schon vorher multiple motorische Tics hatte. Zum Beispiel hat er sich auf die Finger geschlagen, dann kam ein Räuspern hinzu, und schließlich blinzelte er die ganze Zeit. Dies wurde so stark, dass es auch die Eltern als Not bemerkten. Die anderen Tics waren zwar registriert worden, und man sagte ihm: »Lass das doch« – aber erst als die Augen ohne Unterlass zwinkerten, fanden die Eltern es an der Zeit, etwas zu tun.

Er kam also zu mir. Ich habe mich mit ihm erst mal darüber unterhalten, ob er denn bemerkt, wann und wie es kommt. Der erste Schritt zwischen uns beiden war, dass er mir versicherte, er merkt es eigentlich nicht. Und er hat keinerlei Hinweise darauf, wann es passiert. Und erst als er sicher war, dass ich ihm das glaube, konnten wir den nächsten Schritt machen.

F: Warum musste er sicher sein, dass Sie es ihm glauben?

Hockel: Weil er dann einen Raum betrat, in dem er sich mir anvertrauen konnte als der, der er ist. »Nimm mich so, wie ich bin …« – »Okay«, sagte ich, »du merkst es nicht, du machst es, es passiert mit dir. Wie deine Haare wachsen, das merkst du ja auch nicht, so zappeln deine Augenlider, und du merkst es nicht.« Da war er sehr misstrauisch, ob ich das jetzt nur sage, um mit ihm Frieden zu schließen und dann doch hinterrücks zuzupacken. Oder ob ich das wirklich meine. Überhaupt passiert Kindertherapie häufig neben dem Symptom, nicht symptomzentriert.

Jetzt war es so weit, wir konnten – seinem Wunsch entsprechend – vergnügt miteinander Schach spielen. Und sein Augenlid blinzelte dabei. Nun wurde es plötzlich seine Frage: »Warum macht mein Leib das?« An dieser Stelle konnte ich ihm sagen: »Du, das ist ganz spannend, das passiert dir, aber du könntest es auch machen.« Jetzt war er dann ganz offen für die Frage: Was ist der Unterschied zwischen »es passiert mir« und »ich mache es«?

Abstrakt heißt das für Verhaltenstherapeuten: aus der bewusstlosen Verhaltensweise erst mal ein bewusstes Verhalten machen.

Als er so weit war, hat er die Verantwortung übernommen, dass er es manchmal tat. Und dass es ihm manchmal passierte und dass er es registrierte, dass es ihm passiert ist. Er hat dann das Tun manchmal eingesetzt, und dann war er wieder erschrocken, dass es ihm passiert ist.

F: Wie ging es dann weiter?

Hockel: Wir haben dann Blinzelspiele gemacht. Wer mehr blinzeln kann, länger blinzeln kann, schneller blinzeln kann. So genannte »sättigende Spiele«. Die Symptome verschwanden dann schließlich, und die Behandlung war damit abgeschlossen. Ohne dass er oder ich uns darauf einigen mussten, ob es einen Grund gibt, wie: »Davor will ich die Augen schließen.« oder »Ich will nach innen sehen.« Das Ganze hat sechs Wochen gedauert. Wir haben zweimal die Woche eine Sitzung, insgesamt zwölf Sitzungen miteinander gehabt.

F: Hat es gehalten, ist es nicht wiedergekommen, das Augenzwinkern bei dem Jungen?

Hockel: Ich habe eine positive Nachricht erhalten, dass es nach sechs Monaten immer noch nicht wiedergekommen sei. Dann habe ich nichts mehr gehört, die Familie ist weggezogen. Wobei es schon sehr oft sein kann, dass solche jungen Menschen mit multiplen Tics dann einen ganz anderen Tic entwickeln. Und es kann auch gut sein, dass dieser junge Mann dann später mal ein wenig tiefer gehen muss. Um zu erfahren, warum er da »etwas tut, äußerst geschickt, äußerst spannungslösend« mit seiner Organsprache. Denn der Verdacht liegt schon nahe, dass dieser Tic seelisches Elend ausdrücken will.

F: So, das war jetzt ein zwölfjähriger Junge. Es gibt aber auch viele Erwachsene mit Tics. Kann man die nicht auch so behandeln oder gar heilen?

Hockel: Ich glaube grundsätzlich, dass die psychologische Beeinflussung dort hilfreich sein kann, wo ein Leidender das Umgehen mit seinem Leib ändert. Wo ein anderer Friedensschluss erreichbar wird, durch geänderte Selbststeuerung. Wie ich mich als Mensch sehe und wie ich als Mensch in meinem Leib lebe. Dann kann Psychologie auch bei somatischen Nöten etwas bewirken.

F: Ich möchte jetzt konkret zu mir kommen, zu meiner Geschichte, die Sie ja durch unsere vielen E-Mails schon kennen. Sie wissen, dass ich auch schon daran gedacht habe, eine Psychotherapie zu machen. Aber da haben mir alle Ärzte davon abgeraten. Es sei vergeudete Zeit, vergessen Sie's, das hilft nicht. Ist das nicht verrückt?

Hockel: Das ist der erste Schritt: Sie gehen mit Ihrem Leib um als einem Instrument, das Ihnen das Lebendigsein möglich macht. Und die dafür zuständigen Experten sind die Leibespflegenden, die Ärzte. Die sagen Ihnen, bei Körpernot hilft keine Seelenbehandlung. Und jetzt sind Sie innerhalb dieses körpermedizinischen Systems mit Ihren Spritzen stabilisiert. Und die »Ist-das-nicht-verrückt«-Aussage, die Sie gerade mir gegenüber gemacht haben, ist von allen überhört oder nicht ernst genommen worden.

F: Mein tiefstes Unterbewusstes sagt mir, da ist noch etwas anderes. Ich spüre da mehr. Darum suche ich ja sowohl an der medizinischen Front, um es mal so zu nennen, als auch zum Beispiel bei Ihnen, einem Psychotherapeuten. Was mich aber so zögern lässt: Durch die Spritzen funktioniere ich. Aber ich sage mir auch: Ich will mir doch nicht den Rest meines Lebens alle drei Monate dieses gefährliche Nervengift spritzen lassen. Wie lange macht denn mein Körper das mit?

Hockel: Die Schulmedizin der letzten zweihundert Jahre hat für meine Begriffe übersehen, dass der Mensch eine Seele hat, dass er ein geistiges Leben hat, dass Lebendigsein mehr ist als Funktionalität des Körpers. Ärztliche Kunst hätte eigentlich immer mitmenschliche Beziehungspflege bleiben müssen. Ich stehe natürlich für das Heilsversprechen Psychotherapie. Dass Psychotherapie wirklich heilen kann, ist schon oft genug nachgewiesen worden. Insofern trete ich auch gern dafür ein, weil ich wirklich daran glaube. Aber als potenzieller Therapeut für Sie könnte ich so ein Heilsversprechen nicht machen. Einer der ersten Lehrsätze, den Ausbildungskandidaten bei mir lernen müssen, ist: »Wir dürfen nie vergessen, dass jeder Patient das Recht hat, uns zu beweisen, dass wir ihm nicht helfen können.« Insofern wäre ich da sehr zurückhaltend.

Der andere Punkt ist: Psychotherapie ist immer eine Arbeit am ganzen Selbstverstehen; ich fange keine Therapie an, bevor ich nicht einen selbst erarbeiteten Lebenslauf bekomme. In dem die Person ihren eigenen inneren Psychologen mobilisiert und mir aufschreibt, wie sie sich selbst versteht. Mit der persönlichen Bewertung.

Psychotherapie ist eine sprechende Therapie, eine »sprechende Medizin«. Ein Ort der Selbstbegegnung. Ich verstehe mich als Begleiter von selbst erforschenden Personen. Sicher kann man mal dabei etwas trainierend ausprobieren. Zum Beispiel selbst zu blinzeln, Symptome willentlich zu gestalten, um sich nicht nur als »Opfer«, sondern auch als »Täter« zu erforschen. Solche Verhaltensübungen kann man gemeinsam entwickeln; manchmal werden sie vom Patienten selbst intuitiv gefunden.

Psychosomatik steht und fällt damit, wie die einzelne, einmalige Person ihr »Im-Leib-zu-Hause-Sein« lebt. Davon haben die Mediziner immer noch nicht mehr Ahnung, seit sie Virchows Spruch »Ich habe Hunderte von Leichen seziert und keine Seele gefunden« statt als zu belächelnde Provokation oder gar Dummheit als programmatische Selbstversicherung annahmen. Medizin muss wieder lernen, wie verschieden eine Menschenseele sich im Leib ansiedeln kann. Das ist für uns Psychotherapeuten immer noch das faszinierendste Feld. Neben dem Bewusstmachen gibt es dann aber auch noch das Annehmen des Weges. Dass ich es gelten lasse, wie es gewesen ist. Und daraus begründe, wie ich weiterleben will. Jedes Weitermachen, ist ein »Weiter-Machen«. Und insofern entscheiden wir jeden Tag neu.

Literatur:

Hockel, C. M.: *Psychotherapeutische Strategien bei Zwangserkrankungen im Kindes- und Jugendalter,* in: BKJ-Berufsverband der Kinder- und Jugendlichenpsychotherapeutinnen und Kinder- und Jugendlichenpsychotherapeuten. Bruno Metzmacher (Hrsg.), *Viele Seelen wohnen doch in meiner Brust – Identitätsarbeit in der Psychotherapie mit Jugendlichen* (S. 147-180), Verlag für Psychotherapie, Münster 2002

Hilfreiche Adressen

Die hier aufgeführten Adressen können Betroffenen weiterhelfen. Das Verzeichnis erhebt keinen Anspruch auf Vollständigkeit. Alle Adressen wurden mit der gebotenen Sorgfalt recherchiert und geprüft. Dennoch kann der Verlag keine Verantwortung für die Richtigkeit der Angaben übernehmen.

Dr. med. B. Herting
Klinik und Poliklinik für Neurologie am Universitätsklinikum Dresden
Fetscherstr. 74, 01307 Dresden
Tel.: 03 51/4 58-0
E-Mail: birgit.herting@mailbox.tv-dresden.de
Homepage: www.botulinum-dresden.de
Blepharospasmus, Hemispasmus facialis, Meigesyndrom, Zervikale Dystonie, Schreibkrampf

Klinik für Neurologie am Universitätsklinikum Leipzig
Liebigstr. 22a, 04103 Leipzig
Tel.: 03 41/97 24-2 02
Blepharospasmus, Hemispasmus facialis, Meigesyndrom, Zervikale Dystonie

Dr. med. H. Woldag
Neurologisches Rehazentrum
Muldentalweg 1, 04828 Bennewitz bei Leipzig
Tel.: 0 34 25/88 83 90
Zervikale Dystonie

Dr. med. F. Hoffmann
Klinik für Neurologie am Städtischen Krankenhaus Martha-Maria Halle-Dölau
Fährstr. 4, 06114 Halle/Saale
Tel.: 03 45/52 42 60
E-Mail: neurommhalle@aol.com
Blepharospasmus, Hemispasmus facialis, Meigesyndrom, Zervikale Dystonie

Prof. Dr. med. G. Reichel
Abteilung Neurologie der Paracelsus-Klinik Zwickau
Werdauerstr. 68, 08060 Zwickau
Tel.: 03 75/5 90 13 01
E-Mail: gerhard.reichel@pmx-pkz.de
Homepage: www.prof-reichel.de
Blepharospasmus, Hemispasmus facialis, Meigesyndrom, Zervikale
Dystonie, Spasmodische Dysphonie, Schreibkrampf

Priv. Doz. Dr. med. A. Kupsch/Dr. med. G. Arnold
Neurologische Klinik an der Charité Berlin
Augustenburger Platz 1, 13353 Berlin
Tel.: 0 30/4 50 56 00 69
E-Mail: bjoern.hauptmann@charite.de und guy.arnold@charite.de
Homepage: www.charite.de/ch/neuro
Blepharospasmus, Hemispasmus facialis, Meigesyndrom, Zervikale
Dystonie, Schreibkrampf, Komplexe Dystonie

Dr. med. W. Raffauf
Dircksenstr. 47, 10178 Berlin
Tel.: 0 30/2 83 27 94
Blepharospasmus, Hemispasmus facialis, Meigesyndrom, Zervikale
Dystonie

Dr. med. K. Tiel-Wilck
Facharzt für Neurologie
Kiefholzstr. 33, 12435 Berlin
Tel.: 0 30/53 69 62 02
Blepharospasmus, Hemispasmus facialis, Meigesyndrom, Zervikale
Dystonie

Dr. med. Schelosky
Klinik für Neurologie am Ernst von Bergmann Klinikum
Charlottenstr. 72, 14467 Potsdam
Tel.: 03 31/2 41 71 02
Blepharospasmus, Hemispasmus facialis, Meigesyndrom, Zervikale
Dystonie, Schreibkrampf

Prof. Dr. med. H. Röder
Neurologische Klinik
Ellernholzstr. 1-2, 17487 Greifswald
Tel.: 0 38 34/86 68 19
Zervikale Dystonie

Prof. Dr. med. R. Benecke
Klinik für Neurologie an der Universitätsklinik Rostock
Gehlsheimerstr. 20, 18147 Rostock
Blepharospasmus, Hemispasmus facialis, Meigesyndrom, Zervikale
Dystonie, Schreibkrampf, Komplexe Dystonie

Priv. Doz. Dr. med. J. Liepert, Dr. med. A. Münchau, Dr. med.
A. Bussopulos
Neurologische Klinik und Poliklinik
Universität Hamburg
Martinistr. 52, 20246 Hamburg
Blepharospasmus, Hemispasmus facialis, Meigesyndrom, Zervikale
Dystonie, Schreibkrampf

Praxis Dr. P. Hinse
Schäferkampsallee 56-58, 20357 Hamburg
Blepharospasmus, Hemispasmus facialis, Meigesyndrom, Zervikale
Dystonie

Dr. med. R. B. Schwartz
Klinik für Neurologie am Klinikum Itzehoe
Robert-Koch-Str. 2, 25524 Itzehoe
Tel.: 0 48 21/77 20
Blepharospasmus, Hemispasmus facialis, Meigesyndrom

Dr. med. M. vom Dahl
Neurologische Klinik an der Ammerland-Klinik
Lange Str. 38, 26655 Westerstede
Tel.: 0 44 88/50 33 80
Blepharospasmus, Hemispasmus facialis, Meigesyndrom, Zervikale
Dystonie

Prof. Dr. Th. Büttner
Neurologische Klinik am Hans-Susemihl-Krankenhaus
Bolardusstr. 20, 26721 Emden
Tel.: 0 49 21/98 13 18
Zervikale Dystonie, Schreibkrampf

Dr. med. I. Steck/A. Steck
Gemeinschaftspraxis für Neurologie
Georg-Gleistein-Str. 93, 28757 Bremen
Tel.: 04 21/66 75 76
Blepharospasmus, Hemispasmus facialis, Meigesyndrom, Zervikale
Dystonie, Schreibkrampf

Prof. Dr. R. Dengler/Dr. med. M. Tröger
Neurologische Klinik an der Medizinischen Hochschule Hannover
Carl-Neuberg-Str. 1
30625 Hannover
Tel.: 0511/5 32 23 91
Blepharospasmus, Hemispasmus facialis, Meigesyndrom

Prof. Dr. med. P. Vieregge/Dr. med. R. Schneider
Neurologische Klinik am Klinikum Lippe-Lemgo
Rintelner Str. 85, 32657 Lemgo
Tel.: 0 52 61/2 60
Homepage: www.klinikum-lippe.de
Blepharospasmus, Hemispasmus facialis, Meigesyndrom, Zervikale
Dystonie, Schreibkrampf

Prof. Dr. med. A. Ferbert, Dr. med Herath
Klinikum Kassel
Neurologische Klinik
Mönchebergstraße 41-43, 34125 Kassel
Blepharospasmus, Hemispasmus facialis, Meigesyndrom, Zervikale
Dystonie

Dr. med. M. Grundmann/Dr. med. A. Gerstner
Zentrum für Nervenheilkunde an der Universitätsklinik Marburg
Rudolf-Bultmann-Str. 8, 35037 Marburg
Tel.: 0 64 21/2 86 52 00
Blepharospasmus, Hemispasmus facialis, Meigesyndrom, Zervikale
Dystonie, Schreibkrampf

Dr. med. M. Nückel
Neurologische Universitätsklinik Gießen
Am Steeg 14, 35385 Gießen
Tel.: 06 41/9 94 54 00
Blepharospasmus, Hemispasmus facialis, Meigesyndrom, Zervikale
Dystonie, Schreibkrampf

Dr. med. M. Werner
Gertrudis-Klinik Biskirchen
Karl-Ferdinand-Broll-Str. 2-4, 35638 Leun-Biskirchen
Tel.: 0 64 73/30 50
E-Mail: Parkinson-Center@t-online.de
Blepharospasmus, Hemispasmus facialis, Meigesyndrom, Zervikale
Dystonie

Dr. med. J. M. Klotz
Neurologische Klinik am Klinikum Fulda
Pacelliallee 4, 36043 Fulda
Tel.: 06 61/8 455 31
Blepharospasmus, Hemispasmus facialis, Meigesyndrom, Zervikale Dystonie

Dr. med. V. Thorwirth/Dr. med. Ch. Herrmann
Kliniken für Neurologie und Neuropsychiatrie, Neurologische Rehabilitation und Frührehabilitation
Asklepios-Klinik Schildautal
Karl-Herold-Str. 1, 38723 Seesen
Tel.: 05381/74-13 53, -25 07
Fax: 05381/74-12 90, -25 46
E-Mail: v.thorwirth@asklepios.com und Schildautal@ad.com
Homepage: www.asklepios.com
Blepharospasmus, Hemispasmus facialis, Meigesyndrom, Zervikale Dystonie, Schreibkrampf

Dr. med. U. Schmidt
Klinik für Neurologie am Universitätsklinikum Magdeburg
Leipziger Str. 44, 39120 Magdeburg
Blepharospasmus, Hemispasmus facialis, Meigesyndrom, Zervikale Dystonie

Prof. Dr. med. H. Hefter
Neurologische Klinik an der Universitätsklinik Düsseldorf
Moorenstr. 5, 40225 Düsseldorf
Blepharospasmus, Hemispasmus facialis, Meigesyndrom, Zervikale Dystonie, Komplexe Dystonie

Priv. Doz. Dr. med. L. Schöls/Prof. Dr. med. H. Przuntek
Neurologische Klinik der Ruhr-Universität
St.-Josef-Hospital
Gudrunstr. 56, 44791 Bochum
Tel.: 02 34/5 09-24 20
Blepharospasmus, Hemispasmus facialis, Meigesyndrom, Zervikale Dystonie, Schreibkrampf

Dr. med. Th. Günnewig
Geriatr./Neurologische Abteilung am Elisabeth-Krankenhaus
Röntgenstr. 10, 45661 Recklinghausen
Tel.: 0 23 61/6 01-0

E-Mail: ek@ekonline.de
Homepage: www.ekonline.de
Blepharospasmus, Hemispasmus facialis, Meigesyndrom, Zervikale Dystonie, Schreibkrampf

Dr. med. J. Vollmer-Haase
Klinik für Neurologie der Universität Münster
Albert-Schweitzer-Str. 33, 48129 Münster
Blepharospasmus, Hemispasmus facialis, Meigesyndrom, Zervikale Dystonie

Dr. med. S. Gsell
Neurologische Abteilung am Christlichen Krankenhaus Quakenbrück
Danziger Str. 2, 49610 Quakenbrück
Tel.: 0 54 31/15 47 51
Zervikale Dystonie

Dr. med. O. Guntinas-Lichius
HNO-Klinik der Universitätsklinik Köln
Joseph-Stelzmann-Str. 9, 50931 Köln
Tel.: 02 21/4 78 47 87
E-Mail: orlando.guntinas@uni-koeln.de
Homepage: www.medizin.uni-koeln.de/kliniken/hno
Spasmodische Dysphonie

Prof. Dr. med. H.-L. Lagrèze
Klinik für Neurologie am Klinikum Leverkusen
Dhünnberg 60, 51375 Leverkusen
Tel.: 02 14/13 21 65
Blepharospasmus, Hemispasmus facialis, Meigesyndrom, Zervikale Dystonie, Schreibkrampf

PD Dr. med. F. Block
Neurologische Klinik an der Universitätsklinik Aachen
Pauwelsstr. 30, 52057 Aachen
Blepharospasmus, Hemispasmus facialis, Meigesyndrom, Zervikale Dystonie, Schreibkrampf

Prof. Dr. med. U. Schlegel
Oberarzt der Neurologischen Klinik
an der Universitätsklinik Bonn
Sigmund-Freud-Str. 25, 53105 Bonn
Tel.: 02 28/2 87 68 48
Blepharospasmus, Hemispasmus facialis, Meigesyndrom, Zervikale Dystonie, Schreibkrampf

Neurologisches Rehabilitationszentrum Godeshöhe
Ambulanz für Bewegungsstörungen
Waldstr. 2-10, 53177 Bonn-Bad Godesberg
Tel.: 02 28/38 11 11
E-Mail: ambulanz@godeshoehe.de
Homepage: www.godeshoehe.de
Blepharospasmus, Hemispasmus facialis, Meigesyndrom

Priv. Doz. Dr. med. Th. Vogt/Priv. Doz. Dr. med. P. Urban
OA der Neurologischen Klinik am Universitätsklinikum Mainz
Langenbeckstr. 1, 55131 Mainz
Tel.: 0 61 31/17 22 26 oder 17 44 73
Blepharospasmus, Hemispasmus facialis, Meigesyndrom, Zervikale
Dystonie, Schreibkrampf

Priv. Doz. Dr. med. H. Baas
Klinik für Geriatrie mit Neurologischem Schwerpunkt
Stadtkrankenhaus Hanau
Leimenstr. 20, 63450 Hanau/Main
Blepharospasmus, Hemispasmus facialis, Meigesyndrom, Zervikale
Dystonie, Schreibkrampf

OA Dr. J. Dorr/Prof. Dr. R. Schneider
Neurologische Klinik am Klinikum Aschaffenburg
Am Hasenkopf 1, 63739 Aschaffenburg
Tel.: 0 60 21/32 30 54
Blepharospasmus, Hemispasmus facialis, Meigesyndrom, Zervikale
Dystonie

Prof. Dr. med. W. Jost/Dr. W. Fogel
Fachbereich Neurologie und Klinische Neurophysiologie
Deutsche Klinik für Diagnostik GmbH
Aukammallee 33, 65191 Wiesbaden
Tel.: 06 11/57 73 21
E-Mail: neuro@dkd-wiesbaden.de
Blepharospasmus, Hemispasmus facialis, Meigesyndrom, Zervikale
Dystonie, Schreibkrampf, Spasmodische Dysphonie, Komplexe Dystonie

Dr. med. K. Kessler
Klinik für Neurologie an der Universitätsklinik Frankfurt a.M.
Schleusenweg 216, 60528 Frankfurt/Main
Tel.: 0 69/63 01-74 68
Homepage: www.kgu.de/znn
Zervikale Dystonie, Schreibkrampf

Dr. med. N. Rauber
Facharzt für Neurologie
Rheinstr. 35, 66113 Saarbrücken
Tel.: 06 81/9 71 72 33
Blepharospasmus, Hemispasmus facialis, Meigesyndrom, Zervikale
Dystonie

Dr. med. M. Gawlitza
Neurologische Klinik am Knappschaftskrankenhaus Sulzbach
An der Klinik 10, 66280 Sulzbach/Saar
Tel.: 0 68 97/57 40
E-Mail: Neurologie@kksulzbach.de
Blepharospasmus, Hemispasmus facialis, Meigesyndrom, Zervikale
Dystonie, Spasmodische Dysphonie

Dr. med. J. Osterhage
Neurologische Universitätsklinik
66421 Homburg/Saar
Blepharospasmus, Hemispasmus facialis, Meigesyndrom, Zervikale
Dystonie, Spasmodische Dysphonie

Dr. med. H. Bauer
Neurologische Klinik am Klinikum Ludwigshafen
Bremserstr. 79, 67063 Ludwigshafen
Tel.: 06 21/6 03 42 00
E-Mail: BauerH@klilu.de
Blepharospasmus, Hemispasmus facialis, Meigesyndrom, Zervikale
Dystonie

Neurologische Klinik am Universitätsklinikum Heidelberg
Im Neuenheimer Feld 400, 69120 Heidelberg
Tel.: 0 62 21/56 75 04
E-Mail: neurologie@med.uni-heidelberg.de
Homepage: www.med.uni-heidelberg.de/neuro/
Blepharospasmus, Hemispasmus facialis, Meigesyndrom, Zervikale
Dystonie, Schreibkrampf

Prof. Dr. med. F. Schumm/Dr. med. E. Fleischer
Christophsbad Göppingen
Faurndauer Str. 6-28, 73035 Göppingen
Tel.: 0 71 61/60 14 59
E-Mail: neurology@christophsbad.de
Homepage: www.christophsbad.de
Blepharospasmus, Hemispasmus facialis, Meigesyndrom, Zervikale
Dystonie

Dr. med. H. Roick
Neurologische Abteilung am Klinikum Villingen-Schwenningen
Röntgenstr. 20, 78054 Villingen-Schwenningen
Blepharospasmus, Hemispasmus facialis, Meigesyndrom, Zervikale
Dystonie

Dr. med. S. M. Hummel
Neurologische Klinik an der Universitätsklinik Freiburg
Breisacher Str. 64, 79106 Freiburg i.Br.
Tel.: 07 61/2 70 30 01
Blepharospasmus, Hemispasmus facialis, Meigesyndrom, Zervikale
Dystonie, Spasmodische Dysphonie, Schreibkrampf

Dr. med. Franz
Gemeinschaftspraxis Neurologie an der Tagesklinik München Nord
Ingolstädter Str. 166, 80939 München
Tel.: 0 89/3 11 71 11
Homepage: http://www.neurologie-praxis.de
Homepage:
http://www.tagesklinik.de/Seiten/psychiatrie/neuropsych1.html
Blepharospasmus, Hemispasmus facialis, Meigesyndrom, Zervikale
Dystonie

Prof. Dr. med. A. Ceballos-Baumann
Neurologische Klinik am Klinikum der TU München
Möhlstr. 28, 81675 München
Blepharospasmus, Hemispasmus facialis, Meigesyndrom, Zervikale
Dystonie, Komplexe Dystonie

PD Dr. H. Topka
Neurologische Abteilung
Klinikum München-Bogenhausen
Englschalkinger Str. 77, 81925 München
Blepharospasmus, Hemispasmus facialis, Meigesyndrom, Zervikale
Dystonie

Dr. med. F. Müller
Neurologische Klinik Bad Aibling
Kolbermoorer Str. 72, 83043 Bad Aibling
Tel.: 0 80 61/90 35 07
Homepage: www.schoen-kliniken.de
Blepharospasmus, Hemispasmus facialis, Meigesyndrom

Dr. med. R. Pfister
OA am Klinikum Augsburg
Stenglinstr 2, 86156 Augsburg
E-Mail: oa.neurologie@klinikum-augsburg.de
Blepharospasmus, Hemispasmus facialis, Meigesyndrom, Zervikale Dystonie

Prof. Dr. med. B. Widder/OA Dr. med. A. Wiborg
Klinik für Neurologie und Neurologische Rehabilitation am
Bezirkskrankenhaus Günzburg
Ludwig-Heilmeyer-Str. 2, 89312 Günzburg
Tel.: 0 82 21/96 00
E-Mail: neurologie@bkh-guenzburg.de
Blepharospasmus, Hemispasmus facialis, Meigesyndrom, Zervikale Dystonie, Schreibkrampf

Dr. med. Martin Hecht
Neurologische Universitätsklinik Erlangen
Schwabachanlage 6, 91054 Erlangen
Tel.: 0 91 31/8 53 60 18
Fax: 0 91 31/8 53 48 46
E-Mail: martin.hecht@neuro.imed.uni-erlangen.de
Blepharospasmus, Hemispasmus facialis, Meigesyndrom, Zervikale Dystonie, Schreibkrampf

Prof. Dr. med. F. Erbguth
Direktor der Neurologie am Klinikum Nürnberg
Breslauer Str. 201, 90417 Nürnberg
Blepharospasmus, Hemispasmus facialis, Meigesyndrom, Zervikale Dystonie

Frau Dr. med. Deuticke
Klinik für Neurologie an der Universitätsklinik Regensburg
Universitätsstr. 84, 93053 Regensburg
Blepharospasmus, Hemispasmus facialis, Meigesyndrom, Zervikale Dystonie

Dr. med. M. Pott
Neurologische Klinik am Krankenhaus Hohe Warte Bayreuth
Hohe Warte 8, 95445 Bayreuth
Tel.: 09 21/28 00
E-Mail: info.neurologie@hohe-warte-bayreuth.de
Homepage: www.hohe-warte-bayreuth.de

Blepharospasmus, Hemispasmus facialis, Meigesyndrom, Zervikale
Dystonie, Schreibkrampf

Prof. P. Krauseneck
Nervenklinik Bamberg
St.-Getreu-Str. 14-18, 96049 Bamberg
Blepharospasmus, Hemispasmus facialis, Meigesyndrom, Zervikale
Dystonie

Prof. Dr. med. M. Naumann
Klinik für Neurologie an der Universitätsklinik Würzburg
Josef-Schneider-Str. 11, 97080 Würzburg
Blepharospasmus, Hemispasmus facialis, Meigesyndrom, Zervikale
Dystonie, Schreibkrampf, Komplexe Dystonie

Dr. med. A. Plewe
Facharzt für Neurologie und Psychiatrie
Heidenberg 35/37, 99510 Apolda
Tel.: 0 36 44/55 42 93
Blepharospasmus, Hemispasmus facialis, Meigesyndrom, Zervikale
Dystonie

Frau Dr. med. H. Pientka
Neurologische Klinik am Südharz-Krankenhaus Nordhausen
Dr.-Robert-Koch-Str. 39, 99734 Nordhausen
Tel: 0 36 31/41 22 22
E-Mail: hannelore.pientka@shk-ndh.de
Blepharospasmus, Hemispasmus facialis, Meigesyndrom, Zervikale
Dystonie

Blepharospasmus
(Augenkliniken mit Dystonieamblulanz)

Prof. H. Bleckmann
Schlossparkklinik
Heubnerweg 2, 14059 Berlin
Tel.: 0 30/3 20 93-0

Prof. Dr. med. Guthoff
Klinik für Augenheilkunde der Universität Rostock
Doberaner Str. 140, 18055 Rostock
Tel.: 03 81/39 52 34

Dr. med. Mangold
Univ.-Klinik Eppendorf
Martinistr. 52, 20251 Hamburg

Praxis Dr. med. Ganse
Lagesche Str. 1, 32756 Detmold
Tel.: 0 52 31/22 17

Prof. Dr. J. Esser
Univ.-Klinik Essen
Hufelandstr. 55, 45122 Essen
Tel.: 02 01/7 23 29 07

Prof. Dr. med. Roggenkämper, Dr. med. Nüßgens
Sigmund-Freud-Str. 25, 53105 Bonn
Tel.: 02 28/2 87 56 12

Dr. med. Breil, Dr. med. Vogel
Langenbeckstr.1, 55131 Mainz
Tel.: 0 61 31/17 51 50

PD Dr. A. Zubcov
Theodor-Stern-Kai 7, 60590 Frankfurt/Main
Tel.: 0 69/63 01-57 21

PD Dr. med. Palmowski
Univ.-Klinik, Augenklinik
Kimburger Str. 1, 66421 Homburg (Saar)
Tel.: 06841/16 23 04

Dr. med. Kercher
Klinikum Ludwigshafen/Augenklinik
Bremser Str. 79, 67063 Ludwigshafen

Praxis Dr. med. Gottfired
Bahnhofstr. 27, 70372 Stuttgart
Tel.: 07 11/52 08 77-0

PD Dr. Lagréze
Univ.-Augenklinik
Killianstr. 5, 79106 Freiburg i.B.
Tel.: 07 61/2 70 40 11

Prof. Dr. B. Lorenz
Univ.-Klinik, Abt. für Ophtalmologie
Franz.-Josef-Strauß-Allee 1, 93042 Regensburg
Tel.: 09 41/9 44 92 19

Prof. Dr. W. Lieb
Univ.-Augenklinik-Kopfklinik
Josef-Schneider-Str. 11, 97080 Würzburg
Tel.: 09 31/2 01 24 76

Im November 1999 bricht der Schauspieler Michael Lesch plötzlich zusammen. Diagnose: verschleppte Lungenentzündung. Doch dann entdecken die Ärzte – eher zufällig – mehrere Tumore im Schulter- und Brustbereich sowie im Magen. Morbus Hodgkin, Lymphdrüsenkrebs. Michael Lesch übersteht mit ungeheurer Willensstärke die Chemotherapie und zahlreiche Komplikationen. Mehr als einmal hängt sein Leben an einem seidenen Faden. Er besiegt den Krebs und kann schon nach einem Jahr wieder ein renommiertes Golfturnier gewinnen.

ISBN 3-404-61490-9

**Wenn Sie hier rauskommen,
werden Sie nur noch kriechen können ...**

Er war der kommende Mann im internationalen Radrennsport, doch dann kam der Krebs: Hodenkrebs – mit Metastasen in der Lunge und zwei Tumoren im Gehirn. Überlebenschancen: nahezu keine. Der Profiradsportler Lance Armstrong erzählt seine unglaubliche und bewegende Geschichte, die aus ihm einen anderen Menschen gemacht hat.
Eine Geschichte von Zusammenbruch und Durchhaltewillen, von Verrat und Freundschaft, von Verzweiflung und Liebe, von der Hölle der Chemotherapie und dem Zusammenbruch aller Lebenspläne – eine Geschichte, die mit der Rückkehr ins Leben endet und den Siegen der Tour de France 1999, 2000, 2001 und 2002.

ISBN 3-404-61496-8

Das neue Buch der Autorin von »Zwei Frauen«

Mit dem Umzug nach Los Angeles erfüllt sich Diana Beate Hellmann einen langgehegten Traum. Die erfolgreiche Autorin will in Kalifornien neu beginnen. Doch unter der Oberfläche eines schönen Lebens ist sie eine zutiefst unglückliche junge Frau. Denn sie leidet an einer der tückischsten Krankheiten unserer Zeit: Alkoholismus. Niemand kann ihr helfen außer sie selbst. Wird sie es schaffen, die Krankheit zu besiegen?

ISBN 3-404-61524-7